品牌大计：
公司品牌创建指南

蔡丹红 著

企业管理出版社
ENTERPRISE MANAGEMENT PUBLISHING HOUSE

图书在版编目（CIP）数据

品牌大计：公司品牌创建指南/蔡丹红著.——北京：企业管理出版社，2021.5
ISBN 978-7-5164-2333-2

Ⅰ.①品… Ⅱ.①蔡… Ⅲ.①企业管理—品牌战略—研究 Ⅳ.① F273.2

中国版本图书馆 CIP 数据核字（2021）第 037845 号

书　　名：	品牌大计：公司品牌创建指南
作　　者：	蔡丹红
责任编辑：	徐金凤
书　　号：	ISBN 978-7-5164-2333-2
出版发行：	企业管理出版社
地　　址：	北京市海淀区紫竹院南路 17 号　　邮编：100048
网　　址：	http://www.emph.cn
电　　话：	编辑部（010）68701638　发行部（010）68701816
电子信箱：	emph001@163.com
印　　刷：	北京环球画中画印刷有限公司
经　　销：	新华书店
规　　格：	170 毫米 ×240 毫米　16 开本　16.75 印张　270 千字
版　　次：	2021 年 5 月第 1 版　2021 年 5 月第 1 次印刷
定　　价：	59.80 元

版权所有　翻印必究　·　印装有误　负责调换

序　言

　　随着全球化的推进、个性化消费的兴起，产品的生命周期日渐缩短。以宝洁为代表的、基于大众市场的产品品牌营销模式，逐渐退出品牌营销舞台；以公司品牌和个人品牌为核心的品牌创建方法，日益受到关注。总结过往二十年，多数企业的产品品牌创建如昙花一现，归根结底是因为没有真正读懂公司品牌、产品品牌、个人品牌与符号品牌的逻辑关系。

　　现实中，大多数企业并不理解公司品牌与产品品牌的逻辑关系。不少想创品牌的公司都遭受了重创，他们花了重金、做了大量的传播却仍然无济于事，或者掉在价格战的漩涡里难以自拔。即使是行业竞争留下来的几个寡头品牌，知名度差不多，消费者难以比较他们，剩下的还是会比较他们的价格。这意味着什么？要找到这些问题的答案就必须去研究公司品牌与产品品牌的差异，去了解公司品牌的创建方法。

　　对于笔者担当咨询顾问的众多的企业，他们为什么想到做品牌？比如中国建材南方水泥、八一钢铁、科都电气、铭成装饰……这些不是直接面对终端消费者的企业，他们需要做的自然不是产品品牌，而是公司品牌。那么，当他们意识到公司品牌对他们的重要性时又该如何去运作？请一位消费品品牌专家显然只会将自己引入歧途。公司品牌该如何创建？如何才能少走弯路、少交学费呢？

　　继续将品牌等同于传播，将巨额费用砸在关键意见领袖（Key Opinion Leader，简称 KOL）上以为就能成就品牌的认知，显然会把你引入死胡同。如今的品牌官不再是与销售总监平级的品牌总监，而是董事长、CEO级别的管理者，他们需要关注的是公司的品牌化、业务体系的品牌化，需要自上而下地将公司战略、业务战略与品牌战略融合在一起，建立一套闭环的从战略到策略到组织保障的体系，这才是公司品牌的打法。这其中需要的不仅仅是品牌传播学、符号学那点知识，更需要的是企业系统的管理经营知识，需要的是多学科的融合。

所以，创建公司品牌并没有那么简单。脑子里没有建立一个系统的图景，过程中必然碎片化，无法持续开展。这是一个新课题，对所有的企业，无论大小，无论是新企业还是老企业，都是如此。

相比那些新创的企业、那些已经在产品能力上积累良久的企业，更需要懂得如何在原来基础上转型做品牌，这比新创企业更难。因为他们的群体更为庞大，所以解决这部分群体的困惑更有价值。我们需要回答的问题是：一个传统企业转型走品牌之路，到底从哪里开始，过程该怎么走，不借助"外脑"自己干可行吗？用人怎么用？组织如何匹配？绩效考核如何调整等一系列问题，显然它们都需要答案。

在今天这样一个信息爆炸的时代，碎片化的文章显然难以说清楚，所以，系统地用一本书来表达就十分重要。其实这方面的书我在十年前就写过了（《活路——制造型企业的品牌征途》）。也就是说，这个问题我2011年就开始研究了。一方面如今形势变化太快、太大，另一方面这十年来我又做了很多项目，又有了更多的心得体会，思路更加清晰，路径更加系统，品牌创建环境和工具方法都更新了许多，于是我对该书做了大篇幅的修改，以一个崭新的面貌再次奉献给大家。

我认为这本书的独一无二之处是它不仅仅是一本最应时的公司品牌创建的专业知识教材，更有价值的是：它是一本实战型的指导教材。

因为实战，就必须与现实中的品牌创建过程相结合。这二十年以来，我的咨询全部随缘，从来不找客户，都是客户找我，而且还络绎不绝。我的客户形态非常多样，大到千亿级企业、小到几千万的都有，行业跨度也是巨大，几乎不重复,上有世界五百强大央企,小有民营中小企业,每个项目都是系统闭环的解决方案,单项目周期都是好几个月,如此让我对企业十分了解,所以这些体验经历为我写作这本教材提供了良好的实战素材。

为了增加本书的可读性,我为读者设计了三段式学习法:第一段,从故事连续剧案例场景导入,帮助读者快速进入角色,并与角色一起发现问题,思考解决问题的方法。第二段,案例解析。告诉读者作者本人的解读是怎样的。第三段,如果你还想了解更多底层的逻辑,继续阅读"深度学习"部分。

那么,选哪个行业的案例故事更有普适性呢?我咨询顾问过一百多个细分行业,充分考虑后选择了流行饰品行业。为什么?

这是因为这个产品的品牌化兼有快消品市场、时尚品市场与材料市场共有的一些特性,是它们的综合,所以对不同行业的人有更大的借鉴意义。其实,品牌是市场竞争之道,需求的相似性是对标学习的基本点。所以你的焦点不要纠结在产品形式的差异上,更应该去体会背后的用户需求心理、购买需求心理。

虽然本书主要案例是流行饰品,但在其解说中,我又加入了很多非流行饰品行业的案例。这里涉及了大量的咨询案例,特别是材料型、工业品的案例,这些行业尤其需要公司品牌的创建。本书还有一大好处是能够让你在案例分析中建立丰富的跨行业视角。而这从战略角度来看意义重大。一个在本行业中浸染太深的人,格局也许是有问题的;战略需要跨行业的视角,跨行业才能创造飞跃。

在二十多年的咨询经历中,我帮助许多企业获得了业绩增长,如当年的浙江新光饰品有限公司,两年里业绩翻了四倍。周晓光董事长在她的《女人就是要发光》的著作中专门用五个版面记述了这段往事。南方水泥、八一钢铁、金鹏型材也是如此,他们的案例故事在我的网站(杭州蔡丹红品牌营销管理咨询有限公司)可以看到,微信公众号"蔡丹红的视界"也有部分展示。这些案例的成功都与笔者跨行业的经历有密切的关系。

需要特别关注的是:案例讲的是一个传统产业如何从做产品转为做品牌的故

事。故事的重点是转型，因此这个转型是你要注意的关键点。读懂它，对你的品牌创建将会起到更大的指导作用。

为了增加可读性和场景感，我专门为案例配了图。虽然漫画有点嫩稚，但用心良苦，还是希望大家能喜欢。

就像一般的文学作品一样，本书也有正反面的角色冲突。为了让大家了解不正确的做法是怎样的，本书故事设计了两条人物主线：一个是姐姐许爽，一个是弟弟许力，人物性格不一样，做事的方式也不一样。弟弟按照自己的习惯做法匆忙创建了一个高端品牌，结果如何呢？本书展现了整个过程，让读者在对比中更加明晰。读者需要思考的是：与姐姐一样还是与弟弟一样去创建品牌呢？所谓真理愈辩愈明，希望我的用心能更好地帮助到读者。

我是一位数十年专注于一个领域，以理论与实战有机融合为研究目标的老兵。接地气但非经验化，理论但不教条，是我解决问题的宗旨。因此这本书也充分反映了我的价值准则：不膜拜任何大公司，不照搬别人的案例，坚持自己的独立视角。这也是本书的特色。

感谢在《活路——制造型企业的品牌征途》一版中给我写序言的浙江大学吴国华教授；感谢给我写序言的商界传媒集团创始人、董事长刘旗辉；特别感谢可口可乐杭州公司在公关策划方面对我的培养，让我开始进入品牌营销的领域；更感谢华立集团董事局主席汪力成、现名人集团董事长谭守盛先生给我搭建的平台，让我有了系统化的实战营销、集团战略与经营管理的经验积累。

还要感谢从2008年与我合作至今的中国建材总裁曹江林先生、南方水泥与北方水泥的董事长肖家祥先生，他们让我有幸参与了从初创到三年内成为千亿级大企业的过程，其案例载入哈佛案例库。举凡市场整合、品牌整合、管理整合，让我有了此生复杂性级别最高的咨询历练。

特别感谢浙江新光饰品周晓光董事长，正元智慧陈坚董事长，红蜻蜓鞋业钱金波董事长、时任集团营销总裁的汪健斌先生，杭萧钢构单银木董事长、陈伟英副总裁，天津金鹏集团的戴凤瑞董事长诸公，与他们的多次合作，不仅是发挥智慧、贡献价值的过程，也是一个向他们学习的过程。

感谢我书中提到的海天气体、索契健康、汪氏蜜蜂园、章光101、日康婴童、铭成装饰、科都电气等所有与我合作过的和正在合作的伙伴，感谢他们对我的认同。他们的身上充满了闪光点，也给予了我力量，让我更加全面透彻地解读中国企业。

最后，感谢企业管理出版社的朋友们，他们的精心编辑，让本书更规范。

2020-12-13 于杭州

目　录

	题目	案例思考	案例解析	深度学习
第一章	**品牌决策**	● 许爽品牌决策的方式方法正确吗？做品牌应该是怎样的步骤？/ 006	● 误将品牌的手段当成品牌的目标 / 006 ● 科学品牌决策步骤 / 007 ● 传统企业创品牌为什么更容易错误决策 / 008 ● 决策错误的根在哪里 / 009	品牌战前须知 ● 做品牌要先做好战略 / 010 ● 今天创品牌为什么要以公司品牌为主 / 011 ● 品牌化的营销是创建公司品牌的核心 / 012 ● 不会管理公司，品牌终成泡影 / 013 ● 创建公司品牌要会平衡 / 014
第二章	**品牌战法**	● 许爽与李阳探讨的好时光品牌战法有问题吗？问题在哪里？/ 024	● 品牌创建的责任主体到底是谁 / 024 ● 误将品牌过去流行的战法当成现在的战法 / 026	品牌从 1.0 到 5.0 的战法升级 ● 品牌 1.0 版 / 027 ● 品牌 2.0 版 / 028 ● 品牌 3.0 版 / 028 ● 品牌 4.0 版 / 029 ● 品牌 5.0 版 / 029

	题目	案例思考	案例解析	深度学习
第三章	品牌总监	• 李阳为什么背离初衷选择了业绩优先？请分析原因。如何选择和用好品牌化营销高管？/040	• 别被"思路决定出路"带沟里了/040 • 公司品牌化营销阶段业绩提成制的弊端/041 • 创建公司品牌，鱼与熊掌能否兼得/042	公司品牌化营销高管用人术 • 不清楚战略不要选聘/043 • 区别战略人才与战术人才/043 • 重要的不是判断是不是人才/044 • 解析人才的能力结构/044 • 公司品牌不同阶段用不同的人/045 • 有文化冲突未必不好/045 • "许大饼"要不得/046 • 懂得职业锚定用人/047 • 注意组织体制配套/047
第四章	创牌之难	• 传统企业创品牌，难点在哪里？为什么需要寻找"外脑"支持？/057	• 难以发现品牌认知的盲区/057 • 难在边想边干已成为习惯/058 • 难在不能持续稳定执行/059 • 难在不能优生优育/060 • 难在难以找到一个真正的"外脑"/063	寻找品牌专业机构支持的方法 • 品牌服务产业链上游：如何选评战略管理品牌专家/064 • 品牌服务产业链中游：如何选评形象专家与法律专家/066 • 品牌服务产业链下游：如何选评品牌运营与传播专业机构/067

	题目	案例思考	案例解析	深度学习
第五章	**品牌观念**	● 如何甄别公司品牌顾问？/ 075	● 刘备没有诸葛亮，有三国演义吗 / 075 ● 全科的好还是专业的好 / 076 ● 注意"大医院小医生"的问题 / 078 ● 注意各种推荐方式的利弊 / 079	找观念契合的品牌专家 ● 第一观，品牌的本质的理解 / 080 ● 第二观，品牌之虚与实 / 081 ● 第三观，公司品牌不同阶段对用户关系管理的方式差异 / 085 ● 第四观，品牌生命力塑造是个永远进行时 / 086 ● 第五观，全面拥抱新技术 / 087 ● 第六观，品牌接触点管理比传播更重要 / 088
第六章	**品牌诊断**	● 品牌内部诊断调研为什么要涉及非营销部门？品牌诊断对企业的价值是什么？企业要制订品牌战略，如何对自己做一个全面的诊断？/ 097	● 将营销等于促销，诊断内容自然狭窄 / 098 ● 没有真正搞懂定位是误解的重要原因之一 / 099	战略品牌规划中企业自我诊断要略 ● 企业诊断对战略品牌形成的重要意义 / 100 ● 开展品牌影响全要素诊断研究 / 102 ● 不要忽视研发体系的技术导向对品牌营销的影响 / 103 ● 关注生产部门的内部视角对品牌的影响 / 103 ● 注意品牌营销与产品营销不同视角下的问题所在 / 105 ● 关注行业差异对品牌战略的影响 / 107 ● 洞察同行业不同市场的品牌差异 / 109 ● 不定期内部诊断可增加企业的活力 / 110

	题目	案例思考	案例解析	深度学习
第七章	外部洞察	● 外部调研的方法与传统的市场调研方法差异在哪里？战略品牌规划中的外部研究如何开展？/ 118	● 外部调研方法 / 118 ● 外部对标研究的品牌立场 / 120	战略品牌规划中外部调研的方法 ● 成长期研究竞争为主，成熟期研究市场为主 / 121 ● 按照用户价值分阵营研究 / 122 ● 战略研究重在提炼其道，而不是促销术 / 125 ● 重视竞争品牌的趋势重于当下的品牌表现 / 126 ● 从你的资源和能力出发研究市场和竞争的机会 / 127
第八章	战略研讨	● 企业应如何组织战略规划的报告研讨？如何评价品牌专业机构的咨询质量？/ 141	● 正确把握战略品牌报告会的机密层级 / 141 ● 公司品牌战略研讨具有机密性 / 142 ● 咨询报告很专业，与培训差异极大 / 142	战略、策略、战术报告会的组织和机要处理 ● 战略、策略、战术方案报告的差异 / 144 ● 战略、策略与战术报告研讨会的风格差异 / 148 ● 品牌营销战略、策略会的研讨组织 / 148 ● 部门经理参加战略、策略研讨的机密控制方法 / 149
第九章	品牌大计	● 如何理解专家组在好时光现有的基础上进行品牌化改造的战略规划？/ 162	● 有争论未必是坏事 / 162 ● 当下正确未必就是正确的 / 163 ● 情怀再美好还得立足于竞争现实 / 165 ● 富贵了更要回归商业的本质 / 166	渠道与品牌定位的匹配 ● 两种不同的分销渠道设计起点 / 168 ● 品牌需要以用户行为为起点进行分销设计 / 168 ● 全渠道并不适合所有品牌 / 170

	题目	案例思考	案例解析	深度学习
第十章	无培训不品牌	● 执行品牌方案，最重要的是什么？如何通过培训提高品牌项目的执行效果？/177	● 宋卫平为何说"唯有培训方有企业"/177 ● 品牌培训第一课：品牌规划方案/178 ● 培训效果是落地的关键/179	品牌创建中的培训方法及应用 ● 区分演讲与培训/180 ● 培训的类型/181 ● 品牌营销咨询式培训法/183 ● 尝试做最有实效的咨询式培训/185 ● 品牌构建咨询式培训实战案例解读/187 ● 杭萧钢构股份公司的咨询工程类咨询式培训/187 ● 红蜻蜓集团的简单型咨询式培训/190
第十一章	品牌执行	● 好时光的品牌战略执行为什么会出现问题？如何理解品牌营销组织体制对品牌创建的作用？/199	● 新战略需要组织配套/199 ● 绩效改革随行/200 ● 个人英雄未必能做好品牌/201	与品牌战略相匹配的组织与绩效设计要诀 ● 先有战略，后有组织设计/203 ● 组织设计的灵魂是谁/204 ● 组织设计思维方式示例/204 ● 不同阶段组织设计的差异/206 ● 组织设计如何降低人力成本/208 ● 大组织平台化是趋势/209

	题目	案例问题	案例解析	深度学习
第十二章	草创品牌的夭折	• 许力的品牌事业为何难以持续？真正的原因是什么？/218	• 用卖产品的思维做品牌/218 • 品牌创建做不到闭环就如东施效颦/219 • 有退路的企业难以做好品牌/220	品牌零售运营商的十一项修炼 • 业务角色转型/222 • 经营模式转型/223 • 规划管理转型/223 • 生意观念转型/224 • 企业文化转型/225 • 人力资源转型/226 • 产品组织转型/227 • 生产管理转型/229 • 价格策略转型/229 • 店铺销售管理转型/230 • 传播转型/232
第十三章	品牌新征程	• 如何理解好时光的品牌发展新问题？你认为新形势下，好时光的品牌战略应该怎么做？/240	• 赋能渠道，帮扶转型/241 • 客户细分，深化客户关系管理/241 • 品牌之果未到采摘时，需要持续投入/242 • 品牌化的沟通需要与时俱进/242 • 竞争快半步，迎接挑战/243	不同产品周期企业参与品牌竞争的战略要点 • 导入期：要善于利用和掌握新技术/244 • 成长期：性价比与快速扩张最重要/245 • 成熟期：品牌战，更挑战您心智的经营能力/247 • 衰落期：新产品、新技术的培育/248

CHAPTER1

第一章
品牌决策

许爽是浙江好时光饰品制造有限公司的董事长兼总经理，已近不惑之年的她事业上如火如荼，在当地已是一位著名的企业家。

许爽做的事业是流行饰品的生产和销售。她从最初与弟弟一起挑货郎担、摆地摊销售小饰品到利用乌市市场开设门市部承接外贸订单，开工厂加工饰品，生意一路发展，越做越大。于是一发不可收拾，她干脆在国内多个大城市建立了自己的批发门市部。经过十多年的发展，最好的门市部一年的销售收入达到数千万元。

图 1-1　年轻时许爽与弟弟一起摆地摊

许爽做的饰品不同于国内传统的金银珠宝饰品。这种饰品的材料主要是采用水晶、亚克力、铜、布等材料，通过各种图案款式的变化来传递时尚和美感。

相比传统的珠宝饰品来说，许爽的流行饰品零售价格便宜多了，一般只有十几元、几十元，最多也只是一两百元，但款式多样，时尚别致，人们在不同的场合、不同的穿戴下可以选择不同风格的饰品佩戴，而一旦不喜欢了，丢弃了也不可惜。因此这种饰品从国外传递到国内，很快得到了追逐时尚的年轻女性的喜欢。而且随着国内人们经济生活的改善，消费观念的变化，这个市场越来越大。

但市场越来越大，许爽的日子似乎并不是越来越好。她发现价格战越来越厉害了。

原来她是乌市的"老大"，她的产品无论是质量还是款式都比别人的好，她的工厂就是乌市的"黄埔军校"，人家都是追逐她的"风向标"。

但如今，那些名不见经传的小工厂，要么耳环比她家的好，要么手链比她家的好，分门别类地将她的"老大"的份额蚕食了。

而最近几年的互联网电商潮，让许爽感觉压力更大了。网上直接就是肉搏战，许爽的工厂人多、规模大、管理成本高、成本优势低，在网上拼不过那些小厂。所以在网上做了一段时间，因为没有获得什么突破性进展也就没有太多去关注和推广。

许爽所在的乌市，外国客商很多，依托批发门市部，许爽的外贸生意还是不错的。但在外贸市场，毕竟拼的还是价格，而且很容易受到宏观环境的影响。许爽是一个很有危机感的人，她觉得国内市场仍然是一个主要市场，自己在国内市场的模式还是有问题的，必须转型，寻找到一条新路。

这条路是什么？

许爽分析自己在国内市场的窘境，觉得自己不能与小厂拼价格，必须做自己的品牌。现如今的一切问题的根本，都是在于没有自己的品牌，老百姓不知道自己的品牌，因此不愿意为自己的产品多花钱。所以关键的解决方法是为自己的产品增加品牌价值。

因为要获得时尚的信息，许爽常年穿梭于法国、意大利等时尚之都，也参加各种时尚的发布会。她发现国外那些精美的流行饰品陈设在十分雅致富丽的店堂内，价格是自己产品的许多倍，真是打心里佩服。这就是品牌的价值！

图 1-2 产品价格战

让许爽比较有底气的是自己的产品质量。这么多年来,她经常看到那些大百货商场的饰品专柜上,自己的产品被撕掉了标签,摇身一变,变成了别人的产品,而产品身价则翻了几倍甚至十几倍。这说明自己的产品质量比较同行还是有优势的。

而作为一个行业专家,许爽深知那些号称是国外进口的饰品,产品质量其实并不比自己家生产的好多少,价格却高得离谱。凭什么?就凭人家有响当当的品牌!

许爽不服气,既然国内市场的需求形势这么好,自己也不缺投资的资本,产品质量在同行中也是顶呱呱的,凭什么不在国内市场做自己的品牌呢?

那么怎么做品牌呢?

网上充斥着低档货,流行饰品又是一个非常需要感官体验的产品,许爽觉得自己品牌的路径应该是建立一个新的渠道,直接在商场、商业街上做专卖店,开专柜。当然品牌名字也得改一下,品牌产地是不是也需要改一下,别让人看出这个品牌是乌市的？毕竟乌市在许多人眼中只是地摊货，也不时尚。

图 1-3　自己家的产品被撕掉标签变成了别人的品牌

许爽十分羡慕那些拥有数千家专卖店的商家。有些连锁品牌其出身不过是人家产品的代理商，搞了一个商标后就转为 OEM（委托加工），让厂家贴它的牌子生产，自己则专做连锁店。结果短短的几年在全国发展了上千家店，一直到市场做得很大后才再开工厂自己生产。

许爽感觉自己的产品要成为人们心目中的品牌，也只能走这条路。连锁专卖是做品牌的必由之路。

许爽虽然没有搞过连锁，但感觉开个店应该不难。自己的产品多至上万款，小小的连锁店不就那么几个平方吗？产品的品项数量是绝对没有问题的。

连锁专卖需要统一的形象、统一的包装、统一的配送等，应该也不成问题。店铺形象请个专业的广告公司设计一下就可以了。资金则更不成问题了，缺少的就是人了，得有专人来搞这个项目，这个人的品位素质都应该不低。请谁呢？

图 1-4　向往有一天成为大品牌

案例思考：

许爽品牌决策的方式方法正确吗？做品牌应该是怎样的步骤？

案例解析

● 误将品牌的手段当成品牌的目标

案例中的许爽做品牌采取的方式是从渠道入手，也就是将现有的批发渠道改成连锁专卖零售渠道，以此实现企业从卖产品到卖品牌的转型升级。这个决策的问题是：将品牌的手段当成品牌的目标。并因为决策前缺乏整体的从战略到策略，到组织体制流程保障的系统路径设计，而必然带来品牌路上的重大曲折。

因为对企业而言，进入国内市场做品牌的决策是战略性的。它的决策过程，不仅需要从多个角度、系统全面地调查论证，形成一个系统的战略工程，同时需要品牌化的组织体制的保障。这是一个闭环的设计。

前期必须要经历一个周密系统的规划制订和计划落实的过程，跳离这个阶段，直接进入渠道选择，思路无法形成体系，于是品牌在外部呈现的形态上也必然是碎片化的、互相矛盾冲突的、难以持续的。这样就难以给顾客形成统一的品牌形象感知和体验，并会导致因为引入的品牌运营者的认知不同、能力不同，带来不同的品牌表达等问题。最后品牌建设的花费巨大，常常仍然沦为一个简单的名称，不能真正在目标用户心中形成品牌价值识别。

● 科学品牌决策步骤

创建品牌第一步就是要做好品牌规划。那么，如何做好品牌规划呢？品牌规划其实是品牌创建的顶层设计，其本身就是一个系统工程，必须做成闭环。那么，什么是品牌创建规划阶段的闭环设计呢？

具体来说，品牌规划的闭环设计包含四个阶段的工作。

第一个阶段，先就这个项目所初步选择的国内市场（也可以是国际市场）进行需求性质（即五W二H）、需求范围、竞争格局、行业成本构成、宏观环境、分销渠道、产品生命周期、企业资源与能力、企业就这个项目可以投入的资金及其来源等多个方面进行系统地调查，并在大量掌握信息材料的基础上，进行分析，以揭示每个问题的本质。

第二个阶段，在前述分析总结的基础上，进行形势的均衡分析，把握主要问题、根本问题，并在此基础上建立项目三到五年周期的品牌营销战略目标。它可以是品牌目标、市场定位目标、区域市场目标、网络建设目标、销售额目标等一系列目标的集合体。在目标的基础上，制订相关的实施战略。主要是品牌定位战略，品牌化的业务战略，以及支持品牌战略的营销组合策略。

这个营销组合策略可以是根据"老4P"[①]建立产品策略、价格策略、渠道策略和促销策略，也可以是"4C"[②]或其他模型。

战略和组合策略的设计应该根据行业特征，以问题为导向进行差异化的设计。营销的实践重在所制订的方案能解决问题，目标是让系统中所有的成员明白在自己所从事的业务中，它未来的形态是怎样的，为他们提供一个工作方向。

---

① "老4P"是指产品（Product）、价格（Price）、渠道（Place）、促销（Promotion）。
② "4C"是指顾客（Customer）、成本（Cost）、便利（Convenience）、沟通（Communication）。

第三个阶段，根据所制订的战略进行组织体制的设计，这里不仅包括部门的设立与权责的分配，还包括岗位的设计，围绕着战略实施所要进行的业务流程设计。在此基础上，设计部门和岗位的分配考核激励方案。

第四个阶段，根据三到五年的战略规划及管理体系中设计的年度品牌营销策略，按流程设计年度品牌营销策略，并指导各部门制订行动计划和监督方法。

上述四个阶段是循序渐进的过程，不可跳跃。

在案例中，许爽仅凭一些表面信息就做出如此重大的决策，缺乏对问题深入地了解与分析，更没有相配套的战略系统和组织设计，其本质上是情绪化的。其结果是一遇到挫折容易退缩。更糟的是，即使退回据守原来的业务模式，如果还不清楚自己的问题在哪里，被表面的原因误导，则容易错失品牌创建的大好时机。

● 传统企业创品牌为什么更容易错误决策

许爽的企业属于传统制造型企业，以生产加工为其核心能力。这种企业共有的一个特征就是生产制造能力强于营销能力。

因为是面向国际市场的OEM企业，原来从事的是定牌加工，企业的核心能力主要是产品的性价比控制能力。质量比对手好，价格比别人低，就可以拿下市场。同样，面向国内市场的那些未能建立自己的零售通路，仍然依靠批发渠道销售产品的企业，也是依靠更高的性价比获得订单。

因此能在这个领域成长起来的企业，一般都特别擅长控制成本和提高质量。这种情况在那些如钢铁、水泥、型材等生产企业，因为客户是专业购买，需求刚性等原因，性价比更是他们获得竞争优势的主要来源。

这种高性价比的控制如果碰到一个相对垄断的市场，甚至可以拿到非常可观的利润。笔者顾问的一家气体企业竟然可以做到在同等销售收入下，利润高出同行的一倍。

但是，上述这种性价比控制的能力，本质是内向的，也就是它培养了企业的决策思路都是向内看的。这与品牌所要求的外向的洞察能力正好相反。

因为品牌是基于用户心智中的资产，品牌所有的决策都必须围绕着用户，以及影响用户的公众的心智展开。这是一个无形资产的塑造工程。

如此挑战的是传统企业的决策思维，从内向到外向的转变。这种转变是很难的。案例中的许爽与中国大部分希望转型做品牌的企业决策人一样，都没有看到这个问题的所在，这是一个认知盲区。所以他们沿着传统的习惯决策方式，根据看到的表象，即大部分品牌的成功好像都是拥有了自己的专卖店，于是将手段当目标，产生了决策失误。

◉ 决策错误的根在哪里

那么，许爽为什么想到要通过一个新的连锁专卖零售渠道建立新品牌呢？批发型企业虽然在国内也拥有一定的市场份额，但其运作的模式主要是通过批发流通渠道将产品销售到全国乃至世界各地。虽然表面上也有自己的网络，但这个网络的基础是不扎实的，因为它没有对渠道的管理，它的产品最终卖给谁，用什么价格卖出去的，厂家一概不知。

厂家奉行的是"薄利多销""来者都是客"。而批发商同样奉行这个原则，于是便"有奶便是娘"，哪个产品有更多的钱赚就进哪家货。如此运营模式势必造成厂家之间的价格战，最后利润越变越薄，直至无利可图。因此，这个网络本质上不能称为网络，而是厂家的"出货口"，传统上把它称为"门市部"是比较贴切的。当然，如今许多门市部都基于互联网不像过去那样门庭若市了，但如果仍然是通过中间商走量出货，这种渠道仍然是批发模式。

只拥有出口而没有管道连接最终用户的厂家，其市场基础自然是十分脆弱的。他们要想建立消费者认可的百年品牌，必须在国内市场建立稳固的、自己可以管控的分销网络。所以，许爽想做品牌，自然就想到要抛弃现有的网络，建立连锁专卖零售渠道，这是十分自然的。

但是一旦要进入零售市场，企业就面临着品牌决策的问题。因为没有品牌，企业的产品就难以真正销售。过去靠的是中间商推动市场，现在直接跳过这个环节了，自己来做，如何让最终用户或者购买者认同自己，愿意购买呢？

所以，要想进入品牌战，必须先具备品牌的基础知识。

深度学习

品牌战前须知

做品牌要先做好战略

做品牌，首先要做战略。

为什么？

品牌是在消费者心智中植入产品或服务的价值识别。如此第一步必然先要解决你要在谁的心智中植入？第二，植入的价值是什么？这是品牌战前必须先做好的规划。

这个问题很简单，但前期需要做大量的调研论证才能明确下来。因为这是战略。战略是将一万字变成一个字的过程。

除此之外，如果像好时光这样的已经在批发渠道生存了多年的公司，做品牌还需要明确品牌家族问题，即需要明确是在现有的市场做品牌，还是换一个市场创品牌，高端市场与低端市场之间会不会有冲突，决策用主副品牌还是母子品牌，还是独立品牌之类的问题。

现实中大部分企业人的认知是：做品牌就是对已有的产品进行更有形式感、更有吸引力的创意营销或者多做一些宣传推广。

这些认知都是不正确的。今天的品牌战已经完全不是当年靠促销创意推广就可以塑造起来的，它已经上升到经营战略的层面，成为指导企业运营的核心原则、指导方针。在这里，所有的业务战略和支持战略都将围绕着品牌战略展开，它是企业的竞争哲学。

但品牌的战略是"灵魂"，它必须有外衣让人们能够识别。所以品牌的视觉识别设计是品牌获得生命力的很重要的一步，是品牌"灵魂"落地的关键一步。

与人类的生命过程不同，品牌的生命过程是从孕育"灵魂"开始的，然后才是设计可以被消费者所感受的表现形式，即有形的外壳。视觉识别必须根据品牌战略来设计，是战略的显化形式。

然而在现实中，我们看到大多数论述品牌的书籍，都把视觉识别的设计与品牌定位等战略层面上的问题混在一个层面上阐述，这样就造成了国内企业界对品牌认识的混乱，以至于大多数企业创建品牌之初，首先想到的是找设计公司设计标志，并开始对品牌标识进行自我导向的审美评判，从而使品牌缺失了对市场的应有意义。

这也是为什么大多数设计公司感觉设计方案很难达到客户满意非常累心的主要原因。地基没有打好，就在盖楼了，能不累吗？

今天创品牌为什么要以公司品牌为主

回顾过去二十年，企业创品牌的目标，都是创产品品牌。著名的宝洁公司花大量的资金做广告的对象都是产品，比如海飞丝、飘柔、沙宣等，年纪稍大一点的都应该记忆犹新。

但今天做品牌必须做公司品牌，品牌的定位首先是公司品牌的定位。

这是因为当年是满足从无到有的时代，市场竞争比的是性价比，因此企业开发制造出产品后，主要的后续工作就是将这个产品借助各种推广方式最大限度地卖出去。

但今天这个产品过剩的时代，每一个产品必须对细分市场进行精准设计，每一个产品的市场选择必须窄小。所谓"宽度一厘米，深度一公里"，说的就是这个意思。私人定制的盛行就说明了这一点。而互联网扩大了竞争的半径，也将产品的升级推进得更快，导致产品的生命周期更加短了。

还有一个很重要的原因是：今天的消费者需要的是自我实现价值。每一个人都希望彰显独特的价值、存在感，而这种尊重与存在感显然不是依靠简单地在权威媒体上做广告，创造高大上的感觉所能形成的，必须通过人与人的接触、关系的处理才能创造出这种被尊重的感觉。而尊重和存在感都是社交过程的产物。

另一方面，公司品牌的塑造本质上是一个公司的人格被感知的过程。相对产品品牌主打产品的物质性的功能价值，公司品牌主打信任和个性魅力，显然要比产品品牌更能让人获得丰富的情感体验，更能形成关系的价值。

所以综上各种原因，今天创建公司品牌比产品品牌更为重要。

品牌化的营销是创建公司品牌的核心

现在好多企业人有一个误区,以为创品牌,品牌定位做好了就可以。因此花费巨资请外脑做一个品牌定位,但是在其他方面却没有匹配,没有足够的投入。其实,要建立公司品牌这个大厦,单有品牌定位战略是不够的。品牌是无形的,其资产大家都知道叫无形资产,股市上叫商誉。

当品牌的主体是公司时,品牌就被带上浓重的商业属性。因为企业毕竟是商业组织体,公司品牌作为企业的一个竞争手段,终究是为了创造价值获得交易来实现生存和发展的。一个非品牌化的公司,可能为了竞争不择手段,但当公司品牌化后,它必须考虑商业伦理上的个性化的真善美,否则就难以赢得顾客和公众的信任,品牌的关系就无法建立起来。所以当企业决定创品牌时,其实就是确立了物质文明和精神文明两手抓的企业发展路径。

就公司的精神文明来说,就是公司的愿景和使命设定必须具有强烈的识别性,不能再是那些大同小异,哪家都可以用的"创造美好生活"之类的老套路。愿景和使命需要结合行业特质,企业资源与能力,市场需求价值进行准确定位。

就公司的物质文明来看,就是公司的发展战略、业务竞争战略、职能战略,组织结构、部门岗位职责、业务流程、绩效匹配等系统性的规划设计,以及为之开展的从计划到执行的管理。

由于品牌化,公司的商业业务活动的所有过程都必须围绕着公司品牌定位展开。而从研发、采购制造等职能板块中,最重要的是营销板块。为什么呢?

因为品牌化是以用户为导向的,营销是最接近市场的前沿阵地,它最能表现品牌。换句话说,营销系统的每一个触角都能直接表现品牌,而企业业务职能系统的其他部分的活动只能间接地表现。比如研发与制造就"隐身"在幕后。

另一方面,今天的营销概念早已不是传统的营销概念,它已是可以扩大到除了制造之外,把其他所有的系统都可以纳入的营销体系。在我们服务的几十个项目中,企业都被清晰地划分成制造与营销两大系统,营销是指挥制造的大脑,而营销系统内部,就囊括了企业经营活动的各个职能部门。当前流行的互联网时代新营销模式的核心,就是建立以 CMO 为核心的营销平台,崇尚顾客价值为中心，其他企业业务职能价值系统来协同。

公司创建品牌，光懂品牌是不够的，还必须以营销为物质手段的核心，将其与品牌进行最直接地匹配。或者说企业创建品牌的过程，也是营销品牌化的过程。我们按照传统习惯仍然可以称它是品牌营销，但实际上准确地表达应该是品牌化的营销，它与品牌化的研发、品牌化的采购、品牌化的制造、品牌化的售后服务、品牌化的人力资源、品牌化的企业文化道理相通。不过延续传统的称呼，本书里把品牌化的营销也叫作品牌营销。但是这里说的公司品牌的品牌营销，显然与传统的作为推广策略的品牌营销是有本质差异的。

值得强调的是：与产品营销不同，公司品牌创建的品牌营销是以品牌为红线贯穿整个营销过程的。品牌是灵魂，营销是手段，是表现。没有这一点，品牌营销就名不符实。如同孙悟空被套了个紧箍咒，纵有七十二般变化，也难逃观世音的掌控。在创建公司品牌的过程中，品牌化的营销也须被套上品牌战略这个紧箍咒，所有的营销都必须为实现品牌目标而服务。

如此，品牌战略与品牌化下的营销是一个道和术的关系。竞争企业可以效仿术，但是此术如果与彼道不匹配，那它自然难以产生效能和效率，甚至会带来重大伤害。因此盲目地搬用其他品牌的术，可能是劳而无功。

不会管理公司，品牌终成泡影

虽然公司品牌创建需要从战略规划开始，然后是行动实施，但这些规划和组织设计方案都属于谋略型、思想型或者说计划型的东西，它必须依靠具体的贯彻实施才能转化为现实的能量。

因为光有知，但是知而不行或行而不决（不到位）那也是没有用的。品牌经营毕竟不是一个人的谋略问题，它是一个组织的谋略，通常是一个大组织的整体规划，这个组织中的人可能来自五湖四海，就是在中国，也是有几十个省、区，即使在一个省，也有几十个地县。

企业的组织架构上有董事长、总经理、部门经理到办事员，外有经销商、零售商等渠道成员，中间还靠销售员去跟他们对话，组织要处理的不仅是与用户的情感关系，还要处理包括股东、社区、经销商、竞争者、政府、媒体等各种公众关系。

每一种关系都得按照既定的战略去梳理，保证每一个表现手段——哪怕是终端导购员的促销话术、理货技巧——都得遵循同一个思想（品牌理念），有与思想吻合、与品牌战略吻合的表现，那可绝对不是简单的事。

因为只有所有的声音、所有的动作、所有展现在你的公众面前的人与事，都与品牌灵魂设计相一致，才能让别人对品牌的差异化有一致的认识。如果连组织内部都混沌不清，那么人们就更无法从千差万别的世界里将品牌辨识出来并产生好感，继而发生感情、依赖和选择。因此品牌的知难行更难，难的是人心，难于默契统一。

有句古话叫"清官难断家务事"。为什么英明廉洁的清官碰到家务事就犯愁了呢？因为家外事可以就事论事，不牵扯到自己的情感；而家内事则与情感有千丝万缕的联系，牵扯到情感，尺子就不易把准了。

品牌的管理者面对的大多也都是企业内部的事，这里有太多非就事论事所能解决的问题，有政治的、伦理的、生活的、财务的、经验的、性格的、情绪的等各个因素的介入。因此品牌的管理要执行自上而下，从战略到战术一以贯之，就变得十分困难。更何况品牌的建树非一朝一夕、一个活动就能解决，而是要企业长期努力。所以，品牌的管理实施起来真的好难！

因此如果一个企业决意做品牌了，最好是选拔和交托给懂管理的职业经理人。假如老板属于创业家的话，品牌战略及战术设计都可以外包给专业的团队，但品牌的管理必须企业自己干，如果自身不具备相应的能力、人才、财力及文化，那么品牌运作可得小心了！

▍创建公司品牌要会平衡

做品牌还要学会在短期利益和长期利益之间找平衡。做品牌是百年大计，为了更长远的发展，需要牺牲一些局部的利益。譬如一些产品虽然眼前能赚钱，但它与你打造的品牌有矛盾，它的存在影响消费者对品牌的清晰定位，于是就需要割舍这个产品，但是这样做又会损害眼前利益，这里企业就需要一个平衡。何时何地舍弃，有没有更好的方法，譬如换一个渠道模式，换一个品牌表现，是否更有利或者少受损失，但这些都需要科学评估，要充分运用品牌组合的手段。

同样，品牌的延伸也要科学的评估。不能因为商业的目的而片面地在品牌下塞入新的产品品类。

我们都知道一般做化妆品的品牌不能延伸到食品，就像"霸王"卖洗发水又卖凉茶，把它的洗护品牌延伸到饮料，这种延伸一般大家都很难接受。我们还得深入考虑这个问题：有时候即使是在一个产品体系里延伸，但由于目标市场的不同，延伸也未必能成功。

譬如咨询中碰到一个做成熟男女皮鞋起家的某品牌，成功后将品牌延伸到运动鞋领域，这是个以青少年为主体的市场，它与成熟男女的消费心理、购买行为有很大的差异，特别是渠道模式都是完全不同的。前者集中在皮鞋专卖店或者商场皮鞋休闲鞋专厅陈列销售，而后者则是在商场的体育用品专厅里陈列销售的。成熟男女追求个性化、时尚化的表现，款式上的变化要更充分，而青少年们则更喜欢的是明星促销，响应型消费。如此决定了两者的研发模式、渠道模式、品牌传播模式都有很大的差异，这个品牌从皮鞋品类延伸到运动鞋品类，做这样的延伸显然是不经济的。但是，假如它在一个群体里做档次上的延伸或者对老市场进行进一步的细分，投入和产出比则会大不相同。

因此，品牌的建立是个多方面的系统工程，从进入的时机到战略的规划，再到战略的执行管理，以及管理过程中各方面的平衡都得系统地考虑，要学会清醒地做品牌。

CHAPTER2

第二章

品牌战法

许爽让她的人事经理寻找新项目的负责人。许爽的想法是最好直接从行业前几位,特别是那些"老大哥企业"那里挖个高管。

图2-1 找到理想的新项目负责人不容易

时间很快过去了半年,这期间她陆续也见了不少人,总是觉得他们或者缺少行业经验或者其他某方面不让人满意。但自从在同学会上邂逅了老同学李阳,许爽便有了"踏破铁鞋无觅处,得来全不费工夫"的感觉。

李阳早年是学教育学的,研究生毕业,曾留校担任教师,并在校长办公室干过。因不满于复杂的人际关系和权力斗争就下海到深圳闯荡事业了。先是在一家规模很大的海外电子产品订单加工企业做过办公室主任,后来转到销售这行,从销售代表一直做到部门经理。

在一次同学会上邂逅许爽时,李阳正在深圳一家期货企业担任经理。

中学时代的许爽早就有一个美女加才女的称号。但由于家庭出身成分问题,许爽失去了上大学的机会。毕业快二十年了,彼此之间缺少联系,但深存在记忆中的回忆是美好的。

图 2-2　当过大学老师的李阳

在许爽的眼中,李阳是个大才子,而且仪表堂堂。许爽从心里欣赏他。特别是自己失去了学习机会,她就更加羡慕李阳的学历。

许爽觉得与其在外面苦觅人才,还不如先在关系圈中搜罗人才,即使这些人原来没有做过本行也可以接受,毕竟人才难找啊!自己与李阳彼此知根底,首先信任基础就比较好。于是立即开始游说李阳加盟好时光,帮助自己开拓连锁渠道新品牌事业。

也许是中学时代彼此给对方留下的印象都十分美好,两人一拍即合,李阳当下就接受了许爽的邀请。

那一天,许爽邀请李阳到好月亮茶楼喝茶,这是他们第三次交流了。这一次交谈的话题已不是是否接受邀请的问题,而是直接进入如何在全国做连锁网络的问题。

图 2-3　游说李阳加入好时光

许爽不是很清晰这个千家连锁店究竟应该从何做起，但有一点，她是明确的：新品牌的销售不能与现有的自己的十几个批发市场的门市部搅在一起。必须是专人专项负责。

李阳毕竟是个高智商的人，又学过心理学，而且还是许爽的老同学，比较了解许爽，尽管并没有直接做过消费品的营销，但他顺着许爽的思路走下去，结合自己这么多年对销售的理解，很快地提出了自己的看法。

李阳说："我跑了几个大商场，发现已经出现了几个品牌，譬如伊泰莲娜、流行美、海盗船、石头记等，销售情况都不错，平常一天三四千元，碰到节日能卖到七八千元。算下来，真有钱赚。其他新起的小品牌也不少，但都还不成气候……我想他们中大多都是贴牌生产的，出厂价就比我们高许多，我们在成本上比他们有优势。"

李阳感觉许爽对他的话很有兴趣，就更加大胆了："开个店，应该也不难吧。请人设计一下，弄得时尚漂亮些，风格独特些，就能吸引顾客。如果我们的产品价格再比其他对手的低一些,那么,他们一天七八千元,我们就打个对折,三四千元吧,应该还是不错的……关键的问题是一个店的收入再好,一年算下来也不过几十万元的赚头,离我们的目标还相差太远。如果是几百家、几千家店每年单店几十万就十分可观了……"

图 2-4　李阳表示自己做过市场调研

李阳的分析正中许爽下怀,是啊,如果只是为了开个小店,还搞什么品牌连锁呢?许爽的心中至少是几千家。但问题是这几千家店怎么快速地开出来呢?

"是啊,这也正是我要说的话题。我的想法是立即成立新品牌国内销售部,招聘几个业务人员,在全国各大城市寻找省级代理经销商。再由代理经销商物色下属零售商,并由他们负责在当地的高级时尚商场设立专卖店销售。这样的做法可以使我们能够利用这些经销商的网络和关系,把市场很快地做起来。"李阳胸有成竹地建议。

图 2-5　李阳的分析正中许爽的下怀

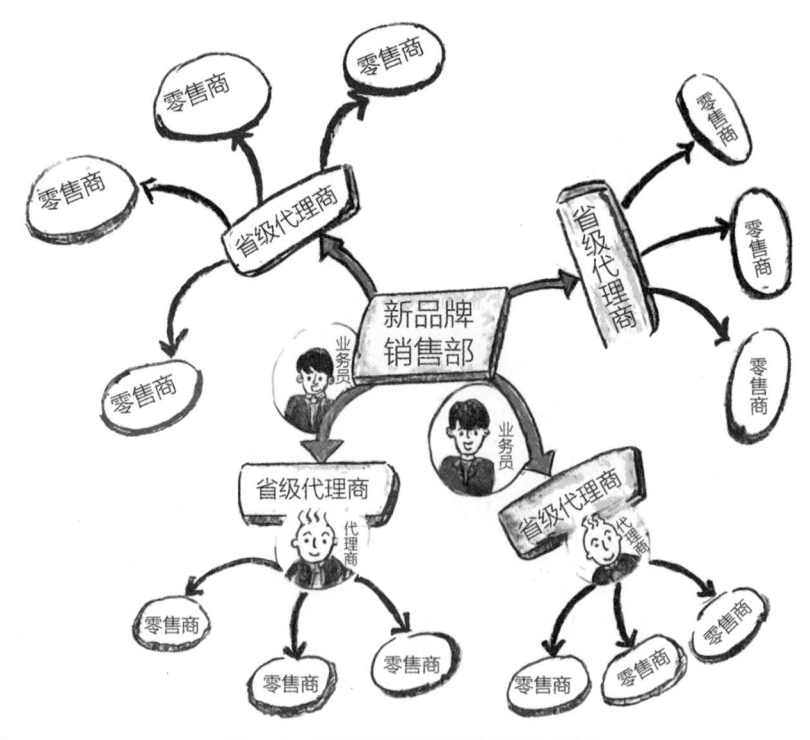

图 2-6　利用经销商网络快速做市场

"说得具体点,你怎么能够快速招到这些代理商呢?"许爽提出一个棘手的问题。是啊,这个方法的前提是得有许多经销商看上好时光的产品,否则就是你求着他们进货,你就有应收账款的风险。李阳是个反应挺快的人,他又想出了一个好主意。

"我听说做品牌得有个推与拉的配合。你看那些快消品,哪家不是靠广告砸出来的?这种推广模式叫拉。底下又有销售人员在推,这叫推。这推与拉一结合,我们就不愁没有经销商要加盟。"

许爽不同意,她觉得这样做是否风险太大:"这广告投入是无底洞,你说现在做广告,你到哪里做才是恰当的,并且投入多少才是合适的呢?一个城市充其量就开那么几家店,在那些当红的电视节目上做广告一来投不起,二来投少了连个影子都没有。投多了,几个店的利润加起来还不够这个广告的。我觉得广告还是不行,也许那些快消品大品牌能行,但我们这个产品不适合。"

许爽心里隐约感到广告不适合自己的产品,但究竟为什么不适合,也想不清楚。也许是安慰李阳,许爽又折中了一下:"不过,我们可以把想投入的广告费返还给经销商。我们可以让的利大些。"

图 2-7 推与拉结合拿下市场

"这是条思路。我看过一些文章，据说好多品牌白酒厂家最初就是这么做的。他们把广告费打入价格中，按比例在销售额中提广告费。这样风险就比较小。"

"是啊，我们可以给大代理商很低的折扣，它必然就有积极性去物色下家。"李阳支持道。

"假如一个省发展了六七家地区代理，每个地区代理开出了二十来家店，全国就算二十个省，就有……"，李阳顿了顿说，"就有两千多家连锁店了。每个店假如日销售额……"算算数字，许爽的脸开始潮红起来，这些数字太让人兴奋了。

尽管她谈起生意来十分精明，但本质上是个性情中人，她向来的作风就是说干就干。她相信行动就是真理，许多道理都是边干边琢磨出来的。当初她开批发门店，还不是如此吗？她第二天就找铺位，第三天就签下了租赁合同。为此，她的先生还与她吵了一架……

事实怎么样？今天看来，多亏她当年的果断。她相信经验，她认为这就是"知行合一"。此时最需要的是行动。但万事开头难，自己忙工厂那头就忙不过来，这个项目得有专人去操作，因此当务之急是安排李阳早日到位，细节的事等做起来后再慢慢商量不迟。

案例思考：

许爽与李阳探讨的好时光品牌战法有问题吗？问题在哪里？

案例解析

● 品牌创建的责任主体到底是谁

在传统的思维下，企业销售产品就是一种与客户的拉锯战。一方面称兄道弟，一方面斤两必较，看谁多赚一点。我的一位企业朋友告诉我，他在一次外贸生意洽谈中，为了一美分与客商耗了整整一天，最后他赢了。

按照这样一个逻辑，那么创建品牌时，最好也是让经销商背责任，自己少承担风险，这似乎是上策。但实际上这并不是明智的做法。

在创建品牌时，一定要清楚渠道经销商的品牌责任是有限的，品牌的创建是品牌拥有者的主要责任。

许爽和李阳关于新品牌分销模式的设计显然受以往的知识和经验影响很深。这是一种传统的方法：在省里找一个大的经销商，由省级下设地区级，地区辐射县级……好时光与他们的关系就是简单的买卖关系，我把货卖给你，你给我钱，广告的问题你自己去考虑。这种策略从表面上看，公司没有什么风险。如果有什么风险，也都在经销商身上了。而且，对好时光来说，操作与管理也比较简单，发生的关系也不复杂，还能充分发挥经销商的积极性，因此看起来有它的优点。

但如上所述，实际上这是卖产品的方法，不是创建品牌的方法。

如果一个新的品牌运作也采取这样的分销模式，就会出现如下许多问题。

其一，对于一个新产品新的品牌来说，市场还不了解这个产品，一方面品牌商需要站在消费者的角度研究他们的需求特点，并进行整体的品牌策划，形成品牌统一的营销策略与管理方法，再据此对经销商进行指导，这是一个品牌商义不容辞的责任。另一方面，初期经销商与消费者一样对产品根本不了解，更需要品牌商的支持。包括宣传产品时的销售卖点如何统一、促销如何搞、产品如何陈列、店面如何布置……都需要品牌商做工作。而许爽这个分销模式实际上是把好时光的品牌策划权力完全下放给经销商，通过经销商的能力进行运作，品牌商在其中是被动的。而经销商则是八仙过海，各显神通，能干的，市场起来了；不能干的，市场砸了，而且砸的是好时光的品牌。

其二，由于经销商各行其是，缺乏对市场的统一策划与统一管理，必然造成市场的混乱、品牌的混乱、渠道的混乱，最后是对品牌整体的伤害。

其三，狭隘的地域划片管理方法，容易造成经销商短视行为，进一步发展成"占山为王，尾大不掉"的局面。这种通过对整个版图的划分使众多经销商各守一方，天然地就造成经销商"地域之王"的感觉，这本身就是市场发展不充分的产物，是应该予以抛弃的。

其四，这个模式不能带动整体经销商素质的提高。中国目前不同行业的经销商发展的阶段不同，有些成熟行业已经出现大代理咨询，有些还是"虾兵虾将"阶段。比如笔者刚在前几个月做完的一个儿童营养品咨询项目，为此特地到山东调研，发现这个行业的代理经销商还是处于管理的初级阶段。许多代理经销商甚至比不上那些大的零售商有品牌意识、管理意识。

现实中，大多代理经销商每天埋头于市场中进行繁忙的交易，缺乏提高自己素质能力的时间。再从本位的角度考虑，他们也没有可能站在品牌商的角度思考整个品牌的全局性运作。很少有经销商能主动地放眼未来，思考调整自己的经营方法。个别规模已经很大的代理商，往往又在合作谈判中太强势，品牌商早期创建品牌阶段无法得到这些代理商的尊重。所以大多初创品牌的品牌商能拢住的都是一批需要推动和拉动的，因此更需要品牌商挑起主要的责任。

所以，许爽与李阳对新品牌的分销模式设计是错误的，这是传统的卖产品的模式，如果要创建品牌必须重新考虑，需要从品牌商与加盟商两方的利益一起来考虑，不能把品牌发展的责任过多地推到经销商的身上。

● **误将品牌过去流行的战法当成现在的战法**

案例中的许爽与李阳准备采用高空拉动、地面推动的品牌营销战法属于落后的已经被淘汰的战法。尽管这个战法以宝洁为代表，为中国上一代的企业做品牌提供了非常好的模式。但品牌塑造是一个需要与时俱进的战法，随着市场竞争环境的不断变化，竞争的日益升级，品牌的战法也需要不断地升级。

拿着过去流行的模式做当下的主要模式，失败是必然的。

所谓高空拉动地面推动，就是在高空配合大量的广告，以及类似于"蒙牛超级女声"大赛、"中国好声音"赞助商等之类的公关活动，形成强大的传播攻势。地面上，通过经销商在批发渠道塞货，零售商铺货，达到每个终端店铺产品高强度地展示，并配合人员在终端进行促销导购，买一送一、试用试吃之类的营业推广活动，形成上下夹攻之势，推动品牌迅速进入目标用户的心智，被记住、被传播、被试用试吃，最后形成交易。

如果读者仔细回想，你会发现过去的海飞丝、沙宣、可口可乐等品牌，前几年的恒大冰泉等消费品牌，其上市时基本上都采取这种模式。

李阳所以想到这个模式，作为一个外行，显然他也是耳濡目染了许多消费品品牌的模式而形成了认知。但是这个模式属于品牌营销战的 2.0 版本，李阳在好时光项目采用这种模式，显然并不合宜。

深度学习

品牌从 1.0 到 5.0 的战法升级

品牌战既然有 2.0 版本，自然就有 1.0 版本，有更高级版本。具体情况如何？我们如何确定自己所采用的战法是否还是先进的战法？下面即进行简要阐述。

品牌 1.0 版

主要作用于 20 世纪 90 年代末，那时候大部分企业主不懂什么叫品牌，但他们知道把产品质量做好就可以了。因此第一代品牌战拼的是质量。品牌上主要是为这个高质量的产品取一个响亮的名字，设计一套视觉识别系统，在产品展现的地方将这个名字图形表达出来就可以了。所以，那时候要让品牌进入人们的心智比较简单，只需要借助产品或者主流媒体反复念叨名字就可以了。

记得那年代做五秒钟广告的企业特别多，就是反复喊名字让大家记住。那些材料型企业做品牌也是很简单。比如 2000 年，我顾问了杭萧钢构，为他们研究营销方案，那时候做品牌特别简单，杭萧钢构只要在高速公路上立一个大广告牌或者在工地上挂英特巨幅名字广告就可以了。因此，我们研究的重点是放在战略营销上。

品牌 2.0 版

第二代品牌竞争拼的是功能的差异化，在传播上拼的是功能性广告，在渠道上要让产品得到有效展示。所以高空拉动地面推动，推拉组合就成为那一代做品牌的主要方式。

最著名的例子是农夫山泉。它虽然晚于娃哈哈上市，但农夫山泉跟娃哈哈比的是功能差异：产品类别上，娃哈哈是纯净水，农夫山泉是山泉水；品牌形象上，主要是突出山泉水的优质；产品传播上，让人们充分认识到山泉水的不同。一句经典的广告语："农夫山泉有点甜！"经过高空主流媒体的反复传播，深入人心，虽然后来换了"大自然的搬运工"，但这句广告语至今仍然印在人们的脑海中。

但是，功能差异化也是有限的。比如，洗发水除了去屑、润滑、垂顺、营养等功能，再也没有新功能可以挖掘，只好说自己的产品功能是2合1，最近又想出一个滋养头皮的差异，但也是强弩之末了。为什么？因为功能的本质是基于产品的物理性能的。无中生有的功能，即使传播得再到位，最后仍然会被人们发现是虚假的。因此完全没有物质依据：搞纯粹的品牌心智打法也就是人们所说的概念营销，最后都是违反了品牌创建需要真善美的基本伦理原则。

品牌 3.0 版

当从产品上提炼功能形成差异化的手段已经黔驴技穷时，品牌就要升级到3.0版本，这就是品牌象征战了。

就像宝马和奔驰，一开始拼的是功能差异化，但行业成熟后，这些功能，大部分同位次竞争的汽车都具备。

那要比拼什么呢？该比拼"象征意义"了。例如英菲尼迪，很多人被它的广告语——"低调的贵族"所打动。这个低调的贵族就是象征战法。象征战法是一种精神战法。

但是"象征"也有天花板，特别是有些企业缺乏创意，将产品的"象征意义"往高大上、最牛、最多、最强上靠，除此之外，就找不到新鲜的"象征"。这时，品牌战版本又需要升级了。

品牌 4.0 版

如今，直播、短视频非常流行，我们可以从中悟到什么呢？品牌战开始"走心"了，走情感路线了。因为高大上的"象征"太多了，人们没有了新鲜感。生活条件越来越好，人们开始关注自己的内心感受，希望品牌与自己有关联。

现在许多传统制造型、服务型行业都是寡头企业，并且名气都很大，这对消费者来说也就没有品牌区别了。

于是，这些大品牌谁能真正"走心"才是最重要的。

于是，品牌 4.0 版就演化为情感战、心理战。

在直播中，喜欢打赏的人未必都是有钱人。那他为什么愿意打赏给主播呢？因为这些主播对顾客的称呼很亲切，就像是朋友，如"老铁"让顾客有存在感，这种交流模式触动了观众的内心，所以特别管用。

品牌 5.0 版

品牌情感战仍然不是最高版本，品牌的 5.0 版本是生态战，这也是真正进入公司品牌创建阶段了。也就是说，公司要考虑在战略层面采取对整个公司的品牌化，要综合平衡品牌外部环境和内部环境，让整个公司所有成员采取一致的品牌化的行动。

品牌 5.0 版并不意味着要放弃前面的 1.0～4.0 版。5.0 版是一个更大的系统工程，也就是说现今的品牌战不仅要做好质量战、功能差异化、有特定的象征意义，还要有情感，更要管好生态，做好战略和管理。

如果不能与时俱进进行品牌战的升级，品牌是很难成功的。

市场上很多品牌，由于没有与时俱进而跌下了"神坛"。就像富贵鸟品牌的创始人曾与马云同在福布斯富豪榜上，甚至位置比马云还靠前，成功可谓显赫。但还是因为他的品牌竞争版本没有与时俱进，如今已退出市场。

对当今的企业来说，无论是大企业还是中小企业，虽然所处的宏观环境是一样的，但是因为内部的资源和能力大不相同，因此当大环境发生剧变时，需要做的就是如何利用自己的资源和能力进行从"卖产品到卖品牌"的转型、升级。也就是开展公司品牌创新和为了公司品牌创新所开展的品牌管理系统建设。尤其要重视建立以用户为中心的思维，继而开展体系化的营销创新。因为相比研发生产等职能手段，营销对品牌的支持尤为重要。

CHAPTER3

第三章
品牌总监

正遂许爽所愿，李阳很快地到位了。他的初定职位是国内市场品牌营销总监，全面负责国内市场的新品牌和老品牌的销售。

初来乍到的李阳主动请求到工厂蹲点一周，他明白，无论做品牌还是做销售，首先要搞懂产品。

此前，许爽带着李阳参观公司的样品陈列室时，李阳被公司丰富多彩的产品吸引住了。尽管他是个大老爷们，可还是按捺不住对这些美丽的小饰物的喜欢之情。他由衷地钦佩老同学的眼光和能力。

不过这一周李阳到车间蹲点可不是简单地看产品的款式了，他的想法是深入车间，与一线的生产工人、设计人员待在一起了解产品的生产过程，以便对好时光有更透彻、更准确地把握。

图 3-1　李阳下车间可不是简单看款式

几天下来，李阳又有许多新的认识。他发现流行饰品的生产，技术含量可真低，说白了就是采购了水钻、合金、亚克力、铜、银等配件，然后靠人工把它们按照各种图案黏合起来，于是就形成了我们在市场上所看见的成品。显然这是个劳动密集型行业。

不过加工差异还是有的。各家主要比的就是对各种配件的加工处理能力。譬如对合金的抛光做得好，饰品的手感就光滑细腻；覆膜覆得好，饰品就不容易褪色。现今，乌市已形成了一个饰品的产业圈，直接生产饰品的厂家加上为饰品配套的厂家已达五千家，成为国内仅次于广州的第二大饰品产业基地。

在乌市，绝大多数这类工厂都是前店后厂、家庭作坊式的小工厂，并且大多厂家走的是低成本的路线。为了在材料上降低成本，往往大量使用国产的原料。而许爽在这方面表现出了与众不同的气魄。她在本地企业中，最早采用世界领先的奥地利水钻和捷克水钻，大大地提高了产品的品质，这也是好时光之所以能够在当地众多的企业中独占鳌头的一个重要原因。

图 3-2　好时光的竞争优势

更重要的是，好时光的款式开发能力特别强。许爽比同行们更早地认识到了款式设计的重要性。她找到了台湾著名的设计师洪光亮先生来担当首席设计师，这对企业的发展意义十分重大。因此,在当地甚至形成了一个习惯:只要好时光的新产品一出来,大家就竞相模仿其款式,然后以相对低一个档次的材料进行生产,并以更低的价格出售。

李阳在总结好时光成功之路的同时,还发现有一个人是不可忽视的,这就是许爽的弟弟——许力。

图 3-3 许力一表人才,还是个销售高手

许力比许爽小五岁,长得一表人才。由于是家中唯一的男孩,排行老三,下面还有两个妹妹。在乌市这个比较大男子主义的地区,许力似乎比一般的男孩子更早地懂得自立,能吃苦。也许是出于对姐姐的爱护,许力一直默默地耕耘着,为姐姐打理着一切。

许力是个销售高手,悟性极高。如果说洪光亮是好时光的产品总设计师,那么许力就是好时光的现实来源设计师。与洪光亮不同的是,他的设计思路几乎全部来自市场,通过观察模仿市场上,特别是国际市场上的畅销饰品获得。

他的这种思路为洪光亮的产品设计增添了市场的"翅膀",也特别适合这样一个由世界时尚带动消费热潮的行业。因为,时尚的起源地并不是在中国,而是在法国巴黎。

许力更是个做生意的高手，
在门市上与客人谈高论价可谓是久经沙场的能人

图 3-4　销售高手许力

　　许力更是个做生意的高手，无论与中国的还是外国的客人谈商论价都是一流的，经验十分丰富，可谓是久经沙场的能人。在许力十余年的商场生涯中，来者都是客，每个客人就可能意味着一笔财富；价格谈判中你高买了我就赚了；钱就是一分分赚出来的，"薄利多销"是千年不变的商业古训。因此，对大客商的大笔订单许力是十分重视的。如何与他们洽谈，如何挫败对手，再到如何与众多的厂家进行价格竞争，许力已积累了相当丰富的实战经验。

　　许力行动"诡秘"，公司上下除了许爽外，基本上没有人知道他某时某刻会在哪里。他就像一个独行侠，背着行囊满世界跑，并且时不时地会突然出现在公司的某个部门，发布他的一个重要设想。

　　李阳与许力没有太多交流的机会，但随着与其他人交流的深入，他发现虽然许力不常在公司，但他对公司实际的影响却是十分深刻的。

图 3-5　许力行动"诡秘"

一个月下来,李阳对好时光公司的情况基本上有了了解。许爽觉得也该正式给李阳压任务了,毕竟时间不等人哪。

许爽与李阳签订了合约,要求销售增长 30%。

图 3-6　给李阳的激励

许爽为了激励李阳,提出在年薪三十万的基础上,销售额超额部分按 1% 的比率进行提成。具体任务是：一方面提升好时光饰品在现有国内批发渠道的销售量，加强销售管理；另一方面开拓以连锁专卖零售店为主流渠道的品牌营销，建立起一个高品位的新品牌。

在许爽的观念中，好时光还算不上是品牌，凯迪拉克、宝马、阿玛尼才是品牌。她邀请李阳的出发点就是建立一个真正属于自己的品牌。企业做到今天这个规模，许爽强烈地希望自己的产品能被更多有品位的人认可。许爽对李阳说："老同学，放手干吧！"

李阳立即全力投入市场，将好时光在全国各地十六家门市部全部跑了个遍。他通过与门市部谈、与批发商交流，很快地发现饰品行业整体需求还是不错的，好时光的产品在许多市场还是空白。

而即使在已经有门市部的地区，网点的密度也很不够，因此，完全可以通过扩大网络，加强网点的密度来提升销售量。

而如果自己把工作重点放在新品牌的运作上，显然会十分费力，因为公司的条件还不成熟。

图 3-7　李阳的纠结

李阳还发现了另一个重大的难题：那些以低价进货的批发商，他们拿到网上或其他店铺上卖多少钱，这个价格是他们自己决定的，如果好时光在同款上做零售品牌，价格涨几倍，能涨得起来吗？现在互联网信息传播得那么快，消费者知道了怎么办？那零售还能卖得起来吗？

另外，好时光的产品一直属于批发流通领域的产品，要成为中高档品牌，消费者是否会认可？特别是当他听到门市部的人不断地抱怨产品质量有下降的趋势，而价格却越来越高，经销商们已有颇多微词的时候，他对这样一个品牌走入大商场或开专卖店做高档品更没有信心。

再说，自己的收入与业绩挂钩，但并没有说与这个业绩的来源有什么关系。既然如此，只要到年底，总体销售额达到目标，甚至超额完成，老板肯定会高兴，自己在好时光的地位自然也会得到稳固，而到那时，如果条件成熟再去开辟新品牌也不迟。

打定这个主意后，李阳将精力大部分倾注到批发通路的销售量提升上。他到处奔波，在公司还没有建立门市部的地点选择门面，开发新的批发业务门市部；在已经有门市部的地方增加新的门市部。这是增加销售量的第一个有效途径。

图 3-8　李阳大量拜访大客户

李阳增加销售量的第二个途径是拜访大量的大客户。尽管李阳学历高、书生气十足，但到这个时候，他深知与客户打成一片是获得客户信任的最直接的方法，尽管这些客户都是学历低、人文素质也不太高的人。而这些生意人见一个读书人，又是一个大企业的高管，还能这样屈尊降贵跟自己喝酒，自然就比较配合了。

　　这期间，许爽常常趁两人都在公司时，把李阳叫到自己的办公室询问业务的进展情况，并督促李阳赶紧落实新品牌的事情。但李阳更多地热衷于跟她交流批发市场上的好消息。而新品牌的工作先是就名称问题争论不休，等名称确定后申报商标批准又花了半年时间，期间也找了一家广告公司设计新品牌的VI视觉形象，但拿出方案后大家看法不一致，最终也没能落实……

图 3-9　新品牌还是在纸上谈兵阶段

　　于是，一年下来，新品牌还只是停留在纸上谈兵阶段。而批发渠道上，好时光的业绩却直线上升，超过了预定的目标，于是李阳在公司内部的地位大大地得到巩固。大家对这位品牌营销总监的看法显然与以前也大不一样了，李阳在公司高层的话语权也因此大大加强了，特别是李阳得到了许力的认同。

　　许力最初并不是十分看好许爽启用李阳，在他看来大学老师只会纸上谈兵，而做生意拼的是实力。但到这会儿看到李阳能脱掉长袍，与经销商打成一片，能吃得起苦，他就逐渐地认同了这个看起来斯斯文文的李阳。于是常常地，许力会邀请李阳到外面小酌一杯。

案例思考：
李阳为什么背离初衷选择了业绩优先？请分析原因。
如何选择和用好品牌化营销高管？

案例解析

由于绝大部分的企业不懂得品牌该如何运作，因此经常地会将希望寄托在寻找一个品牌总监上，而一部分企业为了节省成本，将品牌总监和营销总监常常合并为一个人。公司创建品牌的模式下，品牌化的营销十分重要，营销总监能否有品牌技能，对品牌的实现十分重要，所以案例就选择了这样一个将品牌与营销合二为一的故事，以便视角更加全面地帮助大家看问题。下文提到的品牌营销均指公司品牌创建阶段的品牌化营销，非指推广促销层面上的品牌营销。

从表面上看，案例中，好时光品牌营销总监李阳在一年后的工作成果偏离了许爽的初衷，种瓜却得豆，这说明什么呢？说明许爽在品牌营销总监的人才选择上是有问题的，那么，问题在哪里呢？

问题表现在三个方面：第一，战略思路没有具体化、系统化；第二，战略的实施没有分阶段设计与之相应的考核方案；第三，考核策略未能匹配战略目标。

● 别被"思路决定出路"带沟里了

许爽对新品牌的运营模式是有思考的，这从前一章她与李阳的交流中就可以看出。他们对竞争品牌的运营模式曾做过一些调查和研究，形成了一些基本的思路。但问题是她和李阳都没有对这些思路进行系统化的梳理和规划，都还仅仅停留在点子状态。

人们常说，"有思路才有出路"。这话乍一听很有道理，但仔细琢磨是有大问题的，因为没有系统化的思路是没有保障的。

思路犹如在黑暗中看到了光明，但如何找到到达光明的路径呢？要找到并清晰这个路径，就必须对内、外环境做大量的系统的调查分析研究工作，明确内部环境的变化与外部资源的条件，找到两者相匹配的方法，这才是战略规划的实质所在。

不做这步工作，执行过程中作业者很容易根据自己的理解或者自己本位的利益选择路径，而偏离了原来所设计的目标。

而即使做好了战略方向的选择，也是远远不够的。因为从战略到执行是一个闭环的设计，没有将战略思路落实到系统的策略路径，落实到各职能板块如何分工协作，落实到绩效的匹配，业务流程的管理，执行都容易走偏。尤其是在品牌这样一个无形资产的创建工程上。

所以，别被"思路决定出路"这句话带沟里了。

● 公司品牌化营销阶段业绩提成制的弊端

任何战略的实施都需要设计与之相匹配的考核方案。

譬如当企业处于创业阶段时，企业唯一可以给予营销部门的就是市场资源，其他如市场发展资金、办事处建立资金等都可能因为公司实力所限无法经营，有些企业甚至连营销人员的基本工资都要从业绩提成中扣回。

由于资源缺乏，营销部门往往提倡敢死队精神，鼓励营销人员自己拿钱去开辟市场。在这个时期，企业与营销人员的关系是简单的买卖关系：我给你产品你给我销售，销售量大的就是英雄好汉。因此市场被切割成一块块，每个人都当了一方诸侯。能力强、资源好的起来了；能力弱、资源差的战死了。

这时期企业对营销系统的考核方式就非常简单：依据业绩提成，上不封顶。这种模式能鼓励一批英雄式的营销人才入伙，依靠他们快速地提升业绩。但这种考核模式又会造成营销人员因为片面地追求销售量的提升，而忽视企业品牌的培育和市场的培养工作，这对企业的长期发展是不利的。

如果一个企业在初期或者行业还在早期（导入期、成长期），这种考核方式是恰当的，但当行业进入成熟期，企业必须进入品牌化的运作时，这种考核方式就十分有害了。它容易导致营销人员偏离目标，追逐近期利益。

因此公司品牌创建阶段，公司业务的工作重点是管理客户关系，提高客户满意度和忠诚度，而关系的培养是个性化的、情感化的，存在着很多无法规定的动作。这需要培养公司人员的专业素质、情商、人文修养等来达成，因此继续用行业成长期的绩效体制来做品牌，显然是无法支持到品牌的实现的。

● 创建公司品牌，鱼与熊掌能否兼得

大部分企业在决定创品牌后，都不愿意降低高速增长的业绩指标，因此给品牌营销总监的任务下达仍然是两个都要。这种处理方式对吗？

实际上在同一个业务体系下，要创建品牌与保持现有业务的持续增长是矛盾的。因为公司品牌好比是一棵大树，产品好像是这棵大树上的果子。创建公司品牌必须先将品牌这颗小苗培育成大树，才能盛开品牌之花，进而结出硕果。如果没有等到苗长成树，果是结不出来的。

企业如果急功近利，是难以浇灌出品牌之花之果的。

从案例来看，许爽有了品牌的创建目标，也有了战略的一些思路，如准备开发新品牌，但为什么要开发新品牌，这个新品牌在整个公司业务结构中扮演什么角色，以及如何实施，特别是公司现有的资源和人才如何分配等各个环节都没有进行详细地论证和计划，这就是没有闭环，因此在最后衡量结果时也没有标准，自然容易导致执行者的偏离。

而从具体操作过程看，对品牌化营销总监的绩效管理方式与业务下属人员的考核方式自然也是不同的。一个总监级别的创建期品牌业绩的考核，应更多地考虑创建期需要的资源和能力的准备整合上，而不是直接的业绩。这就是李阳最后背离许爽初衷的主要原因。

深度学习

公司品牌化营销高管用人术

当今，困扰民企老板的一个最主要问题是品牌营销高管的寻找、选聘和使用

问题。

　　留人只是识别人才、聘用人才和使用人才的结果而已。如果起初人才的界定识别就错位了，结果必然会导致双方的分离。

　　而招聘期间双方沟通交流的错位或不深入也同样会为后来的分离埋下种子。当然，在用人阶段如果老板无法因才施用就更是分离的一个重要理由了。

　　因此，继案例中所涉及的品牌创建企业在识别、选聘与使用品牌营销高管方面出现的普遍性问题，为了给大家更加清晰完善的深度学习，接下来就分别详述之。

不清楚战略不要选聘

　　现今的民企老板大多都愿意为品牌营销人才的获得花大代价，他们是本着真诚的愿望来求才纳贤的。但由于对自己企业的品牌营销战略思考不够系统，无法确定公司品牌营销战略目标与人才能力素质需求特点上的关联性，因此无法将自己所需要的品牌营销人才的能力素质特点全面系统地向猎头公司描绘清楚。

　　而猎头出于自身利益的考虑，也会扩大"人才"范围，甚至有意地拔高人才，更何况多数猎头本身并不真正懂得公司品牌营销战略与人才的关系，他们缺乏系统的深度学习和思维能力来剖析人才、剖析企业，扮演的只是"拉郎配"的角色。

区别战略人才与战术人才

　　许多在大企业供职到部门经理或重要部门如企划部主管职位，甚至公司总经理的人才，本质上还是个将军甚至只是个班长，是具体的执行人才。他们中的大多数人可能有丰富的带兵打仗的经验，但不善于谋略全局、布阵方圆，思维方式也有比较大的局限性。

　　就创新思维能力而言，战略创新与战术创新的能力类型是不同的。前者是建立在抽象分析能力基础上的创新，后者是建立在具象想象能力上的创新。因此很有必要界定应聘人才的创新思维能力的类型，需要对他的分析能力和抽象总结能力作具体测试。如果他的思维方式已经定势，譬如是发散型的、具象型的，这样的人就不能再往"总"的位置上发展了。

重要的不是判断是不是人才

观花容易辨花难，学会判别是什么样的人才很重要。

一般民企老板会根据如下两个特征来判断一个人是否是"人才"。

第一，人才目前所处的位置，他曾经达到的高度和贡献。判断依据——履历。如果在这些老板心目中的名牌企业工作过，就给予很高的评价。

第二，人才的外部表象。那些口才突出，形象突出的更容易受到青睐。根据外表来判断，通过衣着谈吐、使用的器物，待人接物的方式和仪表仪态等，是很多老板识别人才的方式。

因此，与老板初步接触时，外部表现是十分重要的。如果一个人打扮得很有个性与品位，用品也非等闲之辈所用之物，其印象得分会比较高。

但民企老板如果不得要领的话，充其量也只能是识别了"是个人才"，而不能判别到底是什么样的人才。

解析人才的能力结构

位置高、学历高、名牌大学并不等于贡献高、能力强。如今，中国的人才市场还不规范，有些人起初凭借着较高的学历或名牌大学的背景进入了一个著名的大企业，而后他就可以通过不断地跳槽来获得在较小规模的同行企业里的高职位。

即便是在大企业里谋到了较高的位置，也许是与他的资历在这个企业的工作年限和关系结构有关。这样的人可能具有相当的行业经验，但可能缺乏创新能力，只会照搬经验和模式。

目前的中国企业大多品牌化营销管理还比较薄弱，初期只能实行粗放式管理，如果他以前在大型企业工作过，由于大型企业职能部门分工精细，他带来的这种过于精细的分工经验只会提高管理成本。譬如许多企业用了华为的人，但多数发现待不长。关键是面对这类人才时，你需要了解：他在这些企业所达到的最高职位上的贡献如何？他贡献背后的策略是什么？这个策略采取的逻辑是什么？只有判断出他决策的思考逻辑，才能看清楚这个人作为"总"字级别的核心能力。

而了解其离职背后的原因，是需要考察他是否是一个情绪化的人，自我中心难以理解他人的人。情商不高的人，不适合担任品牌营销高管。

公司品牌不同阶段用不同的人

企业品牌发展阶段不同，所需要的营销人才的能力结构和素质类型也不同。如在公司品牌刚起步阶段，需要一个攻城略地的猎人型管理者。他更强调领袖的风范，个性上创新勇敢勤奋，而脾气急躁一点是可以原谅的。但在企业规模已经发展到一定程度，战略上已经进入精耕细作的阶段，需要的就是亲和力特别强的农夫型管理者，个人的领袖风范可以退至其次。

另外，战略设计不同，所需的人才也不同。企业的人才战略应该服从、服务于企业的品牌战略。而大多企业的老板缺少对企业进行整体的品牌化营销战略系统规划的意识，他们往往有战略思路，但没有对战略进行系统规划和执行战略的系统工程，因此在所需的人才问题上自然会感到迷茫，无法清晰地表述自己企业到底需要怎样的人才。

有文化冲突未必不好

在招聘时，企业文化对企业选拔人才的影响也十分重大。由文化背景差异所造成的谈判目标的不一致，将会使企业与更具有创新冲击力的人才失之交臂。

靠产品力打下江山的许多企业老板的价值观里崇尚艰苦奋斗、不计个人得失、刻苦拼搏的精神，从心底里厌恶那种过于计较个人得失、奢侈贵族化的行为。但公司启动品牌建设后，他们又希望能吸引那些有良好教育背景，常穿梭于世界各地，开口闭口洋文的人加入企业。这些人的文化与企业既有的文化往往是大有冲突的。老板们对他们既有渴望，又有诸多的不习惯、看不惯，正是在这种矛盾心态中与这些人进行交流的。

从内心深处，他们希望这些时尚的高学历者也能与自己一样做个拼命三郎，先付出后得到。老板想的是：只要你付出，你就会得到，我们不会亏待你的。因此在谈薪酬时尽可能地将基础薪金压低，而增加远期的回报，并且十分讨厌在招聘阶段就薪金问题过多地讨价还价。

但现今的年轻人在招聘阶段怎么想的呢？尤其是那些经历过西洋文化熏陶或者在跨国公司工作过的应聘人员，由于曾在一个比较健全的管理组织中工作过，思维方式已变得十分理性和务实。他们通常十分关注以下两个问题。

第一，你希望我在你的企业里扮演什么样的角色，你给我什么样的权力，我要承担什么责任，企业招聘我的目标是什么。他们需要企业在一开始就给予明确的答复。而正如前文所述，大多中小企业在招聘人才时在这方面思路是不清晰、不到位的。因此，职业经理人往往无法在这方面得到比较满意的回答。他们的耳朵里听到的只是老板们鼓舞人心的远景描绘。这些语言在初期交流是十分有用，但一旦进入实质性交流时就卡壳了。

第二，营销高级职业经理人也十分关注薪酬回报。我给你干什么，干到什么程度，你给怎样的回报，他们心里希望企业给予清楚的承诺。尤其是经过多次跳槽后的职业经理们，累积的经验往往告诉他们，进入中小企业后的不确定因素太多，如果过于把希望寄托在未来，对自己会十分不利。因此，他们越来越多地倾向保障自己的短期利益，在基础底薪上的要求是不低的。

上述两点与企业老板的期望是错位的。"还没有进来呢，就要权要钱，这样的人太计较，不懂得付出后回报的基本道理。"他们会这么想。因此，许多海外的人才在这个阶段就被淘汰了，有的即使勉强进入，生存期也都特别短。

与此相反，在本土中小企业中土生土长的人则深谙老板们的心态，同时迫于竞争的压力，他们在这个阶段会更灵活地处理这些问题，而更容易得到老板的认同。但这种类型人才大部分持有的是靠产品竞争力打天下的理念和技能，而非拥有品牌竞争力的知识和技能，他们的进入，对公司品牌建设的贡献是比较小的，进而对公司品牌化的改革推动也是十分有限的。

"许大饼"要不得

当今许多公司习惯卖什么东西都承诺过度，夸大其词，这个习惯在聘用人才上也往往如此。未进入时为吸引人才"画大饼",似乎成为一种值得赞许的行为。

此举也许对那些初出茅庐的职场"小白"有效,但对于久经沙场,本身就搞品牌营销的人才尤其无用。正确的做法是在聘用时宁愿承诺少一些,这样才能使满意度更高,进而容易留得住人,否则就更容易浪费前期花下去的金钱与精力。

另外,要增加对人才的容忍度。品牌创建是一个长期的过程,从播下种子,到树苗长出,到开花结果,周期很长。而市场竞争环境不可控因素太多、变化太多,过程中难免要交学费。另一方面前期老板花的代价越大,自然期望值也越高,容忍度往往较低,致使"蜜月期"过后,很快地分离。这也是当今中国企业品牌化营销高管难以稳定的重要原因。

另一方面,现在市场上的品牌营销高管,复合型的特别少,帅才特别少。因为如果自己又能冲锋陷阵,又有诸葛亮的谋略,那开一个策划公司或咨询公司都是无本生意,他何必来给你打工呢。这是公司品牌营销高管这个岗位特有的现象,对此要有思想准备。

懂得职业锚定用人

企业在聘用品牌化营销高管时,还需要根据营销人才的职业能力准确地安排其角色职能和职责。每个营销职业经理人都有比较适合自己职业发展的特定的锚区,如有些职业经理属于管理锚,有些属于独立锚,有些是技术锚,给不同锚区的营销人才安排的职位应是不同的。

即使做品牌推广,也有市场型的和企划型的,神经类型、性格特质是不一样的。而营销也有猎人和农夫的差异,就看企业老板们怎么用了。

注意组织体制配套

公司品牌营销组织体制不健全、管理不到位是人才不能发挥作用的重要原因。组织结构管理表现为组织架构、部门职责、岗位职责的明确划分,分权体系的有效建立,作业管理模块的清晰等,这些都是以明确的战略为准则。假如品牌营销战略缺失,那么其组织体制必然存在问题。部门结构设计不合理、部门职责不清晰、经验主义、个体户式的指挥方式,想到哪做到哪,这些都将导致品牌营销高级职业经理人无法施展才能,从而很快流失。

上述问题存在的普遍性结果是:有许多品牌营销高管拿的是总监或者副总的薪水,干的却是办事员或者主管的事,而当结果不妙时却要承担主要责任。

但也有些老板正好走了另一个极端,过于信任,完全放权。这时如果公司品牌战略不明、监管不力,职业经理势必朝着对自己最为有利的方向行动,并追求尽可能多的近期回报。这样就可能使得老板们眼前看到的业绩很不错,但几年后回头一看,才知道方向走偏了,而这时这位营销职业经理人早已带着鼓鼓的钱袋离开了。

CHAPTER4

第四章
创牌之难

虽然最初许爽邀请李阳到公司的目的就是做新品牌，但李阳私下里却改弦易辙，把全部精力都放在了批发渠道的销售上，品牌方面反而没有下什么功夫。对此，许爽心里是清楚的，只不过她考虑到引进李阳时企业内反对声音不少，而做新品牌的难度显然比做批发渠道的难度大得多。如果李阳一上来就对付这样一个难题，对他的威信树立不利，同时也会有损自己的形象，莫不如先冷静观察，让他在自己有把握的地方先干起来再说。

图 4-1　许爽难得糊涂

另外，李阳把市场跑了一圈下来后所做出的分析判断也没有错，既然批发渠道还有余力，为什么不赶紧再挖一挖呢？做企业的本质不就是为了赚钱么。因此，这一年来她也"难得糊涂"地让李阳在批发渠道上大显身手。

但私下里，许爽、许力姐弟俩对新品牌的早日上马有了越来越强烈的紧迫感，毕竟时间不等人。因此，刚过腊月初八，许爽就召开一个专题会议，请洪光亮、李阳及财务总监熊军一、行政副总裁张健和生产部的王宏经理一起讨论新品牌的启动问题。这个会议是如此的重要，以至于姐弟俩把自己的配偶都叫来一起参加。

图 4-2 好时光讨论新品牌会议

许爽的丈夫杨坚强以前在政府部门工作，当许爽的事业发展到一定程度后，他从政府部门辞职出来，与朋友一起搞起了房地产。正逢时运，他的房地产项目业务迅速扩展，忙得不亦乐乎，哪里还有精力管许爽的事？此次是没办法，被许爽硬拖着来参加会议。在整个会议期间他基本是电话不断，根本静不下来听别人的发言。

许力的妻子则一直在门市部工作，直接负责乌市一个门市部的财务。属于贤妻良母型的，本身眼界也不开阔，这些大事儿的决策她基本也插不上什么话，因此坐在那里当陪衬。但这两人的参与，使会场的气氛严肃了不少。

许力在新品牌的启动上显然是许爽的坚定支持者，甚至表现得比许爽还要热切，这也许是他常年在外面跑的缘故。看到这么多的新品牌在大商场里如雨后春笋一样地冒出来，而且很多都是知根知底的乌市产品，他心底就不服气，何况这些品牌的品质大多不怎么样。更可气的是，有些品牌的产品明明就是好时光的，只是换了一副包装，就变成"公主"了，价格几倍地往上翻。许力心想，又不是自己没有这个能力，凭啥这个钱让别人赚，自己的产品还落个低档货的形象。因此他是推出新品牌最积极的倡议者。

按马斯洛的需求理论来看，姐弟俩事业做到这个份上，赚钱已不是首要问题，亟须得到的是社会的认可。而建立一个高档的品牌，让自己的产品走入大商场，如"公主"一般被人欣赏在他们的心目中就是实现这种认可的途径。

洪光亮也是这个项目的坚决支持者。想当年在中国台湾，他设计的产品走进了多少高雅的店堂，被多少达官贵人佩戴过，而到大陆后的今天却沦落到几乎是地摊货的水平，他心有不甘。凭什么呀？这不是他的设计能力不行，无非是好时光的渠道不一样，走了一个大流通渠道……因此他早就渴望新品牌的出世了。

熊军一和张健这两位分管财务与行政的高管，在这个以品牌营销为主题的会议上是没有多少发言权的，毕竟在企业中他们是支持系统，在专业上他们也不是很了解，说不出什么道理来，附和董事长的意见是为上策。

生产老总王宏在这个项目上是最有压力的。好时光目前的生产工艺水平能达到这水平吗？生产能力跟得上吗？要知道今年公司利润摊薄了，但销售量却是在增长的。生产压力一直很大已经很多年了，今年品种更多了，因此单品种缺货的现象可是加重了。今年的工人流动率又特别高，培训和管理的难度大大增强了。这一年来没日没夜地干，没有一个休息日，几乎都要赔上性命了。本指望一年后，新员工变成熟练工人，生产主管也熟练了，再抓一下生产流程的改革，解决了缺货问题就可以松口气了。可如今又要弄一个高档的新品牌，他心虚呀，因为要凭现在这个生产体系来创建一个高档的新品牌难度还是不小的。至少，如果大量的熟练工、高技术技能的工人都要被抽调到新项目去，就会削弱现有项目本来就十分紧张的劳动力。而这新品牌卖得好还好说，一旦卖得不好，造成大量退货或者其他问题，真是劳民伤财呀。

想到这些，王宏很忧虑，他提出了自己的看法。

许爽对此似乎早有准备。王宏话音刚落，她就抛出了解决方案："增加人手啊！来乌市的打工妹有的是，还怕招不到人？培训一下，就可以上岗了。工艺方面要抽调熟练工，档次方面主要是采购材料要升级，不仅在水钻上要采用进口材料，而且在其他配件上也要采用高质量的材料。"

图 4-3　生产熟练人手可能不够啊

许力则抛开此话题，心急火燎地说："来不及了，再等我们磨蹭好，黄花菜也凉了"。

他心情激动地谈了这一年来在市场上看到的变化，并摆出了他在市场上购买到的所谓的品牌产品。这些产品是他从全国各地的大商场里购买来的，价格都在好时光同类产品的 7～8 倍以上，有的甚至高达十几倍，但做工材质确实与好时光好的产品相差无几，有些还略显逊色。更气人的是，这些产品中竟有许多款就是好时光首先设计的，还有个别款是"好时光的身，别的品牌的皮"。

许爽的丈夫和许力的妻子此刻也站了出来，以似乎早已商量好的架势，帮着自己的伴侣说话。

看了这些情况，大家还能说什么呢？通常开这种会议，如果姐弟俩有分歧，几个高层还敢各自发表一些意见。一旦姐弟俩一开始就协调一致，大家就都心知肚明了：没有必要再提反对意见了。更何况在场的所有的股东（他们的伴侣以及洪光亮）都已形成了一致的声音。

尽管许爽还在很积极地征求大家的意见，但即使是生产老总王宏也觉得没有必要再多说什么，剩下的是琢磨怎么干的问题。

"怎么样，李总，你说说自己的想法？这个新品牌成功与否的关键还是看你的市场运作了。"听着许爽的话，李阳知道轮到自己表态了。他知道许爽需要听到他的决心和信心，需要他立即拿出行动方案。但这一年下来的实际市场运作经历告诉他，问题绝对没有许爽想象的那么简单，要做这个新品牌，公司目前的条件还不成熟。

这一年里，他虽然没有真正地启动新品牌的工作，但一直在关注这个新的零售品牌如何运作的问题。他没有经验，因此查阅了大量的信息资料，了解了其他类似行业的运作模式。他发现这个模式需要做大量细致的工作来支撑，譬如选址、店面的装修、店员的培训、商品的陈列、促销活动的组织等。而在这些方面公司目前根本没有人才，基础为零。

"没有经验，可以培养；没有人才，可以招聘，关键是把事情先做起来。"许爽说道："我们当年谁懂做企业啊，还不是就这么一点点做起来了？！"是的，这些话从道理上讲都没有错。

图 4-4 我们公司缺乏这方面的经验

"我们还是讨论一下今年的计划吧。我们的打算是今年先在上海、杭州开出两家店。我都已经选好店铺的地址了。如果装修抓紧点，过两个月就可以开张了。"许力顿了顿，接着说道："李总，你安排一下，让策划部早一点将店铺的装修设计图拿出来。我们再从批发市场的门市部调几个有经验的店长和营业员过去……。"

许力的话让大家吃了一惊，原来姐弟俩把事情都已经做到这个份上了，那今天还开什么会呀。会议的主题赶紧改一下吧，不是讨论发展新品牌的战略步骤问题，而是讨论如何做上海、杭州零售店的问题。

李阳虽然没有做过品牌，对品牌的了解也比较少，但他还是觉得这样做一个决定未免太仓促草率了：这毕竟是一件大事，总得先得把情况了解清楚，行动谋划一致，然后按部就班地实施。现在就急匆匆地上马，到时候必然是毛病百出。他认为一个好品牌的问世绝对不应是那么简单、草率的，更何况这一年来他对许爽的工作作风也已十分熟悉，自己也深受计划多变之苦。匆忙上马与匆忙下马常常是一对孪生兄妹，而这块工作是自己负责的，到时的责任要由自己来承担的。此时不把话说明，到时就晚了……

图 4-5　决定仓促，风险更大

在场的所有人都惊讶地看着慷慨陈词且略微有些激动的李阳。许爽和许力心里想："读书人就是想得多，不过他说的似乎也有些道理。"而洪光亮毕竟也是个读书人出身，在中国台湾又生活了这么多年，对品牌的理解自然比其他人更深刻些，因此李阳意见中的主要观点引起了他的深思和共鸣。毕竟自己要的是一个像模像样的品牌，而不是没有章法、昙花一现的所谓的品牌。他了解许爽姐弟俩，他们的工作风格就是雷厉风行，想到了就是要立即干的。但对待新品牌启动的问题，还需要三思而行。

洪光亮觉得应该说些什么给姐弟俩降降温："做品牌没有那么简单。如果仅靠从现有的销售团队中物色店长去管理，这个店的服务质量肯定会出问题。并且，品牌店是十分强调陈列展示的，这些人长年在做批发门市工作，他们并不懂得零售……"

两位做后勤的老总觉得洪、李说的都不无道理。他们向来深受两位老板想到哪做到哪，然后不断地修改指令，搞得大伙儿疲于奔命的痛苦。以目前的情况看，缓一缓，考虑得仔细些，对大家都有好处。因此，也开始附和洪、李的意见。

许爽本以为能掌控会议议题，这时才发现如果继续坚持己见就显得太不尊重大家了。毕竟各位都是公司的核心骨干，而且他们说的也有些道理，要是固执己见，可能会失去民心。

尽管许力似乎还不太情愿放弃自己的想法，但许爽已经在开始寻求一个新的解决方案了。因为，讨论到现在所暴露出的问题是：第一，好时光目前还缺乏全面深刻地懂得品牌运作的人。第二，品牌运作不是那么简单的问题，现有的老经验未必适合做品牌，需要重新进行系统的规划。特别是李阳提到的那些新名词她从来没有听到过，确实觉得很新鲜，而她是个对新事物十分敏感又愿意学习的人，所以她也觉得可以先缓一缓。那么，接下来该怎么办？

话题到这里，几乎所有的人都想到请"外脑"来参与。但财务总监从财务控制角度表示了疑虑，他希望找到一条可以不花钱或少花钱解决问题的办法，难道非得请"外脑"吗？尽管有些争议，但很快地大家还是达成了一致意见：由李阳负责找几家"外脑"公司谈一谈。还有一个共同的意见是：要么不找，要找就找最好的。好时光要么不做，要做就下决心做好它。

图 4-6　找"外脑"帮助品牌创建

案例思考：

传统企业创品牌，难点在哪里？为什么需要寻找"外脑"支持？

案例解析

● 难以发现品牌认知的盲区

对好时光来说，增加高档品牌的零售店铺连锁运作项目是一个全新的业务板块。虽然从表面上看，这个业务项目与现有的项目销售的是同一个产品，仍然处于同一个行业，只是渠道不同，外部展示给消费者的形式不同，譬如产品包装更换了，店铺形象统一了，但其实这些被大家感知到的因素都是表面上的差异。

真正的差异是"卖品牌"与"卖产品"，这是两种价值观的差异。做品牌的是通过超越顾客的期望，创造更高的顾客满意达至顾客忠诚，形成持续的、良好的客户关系，需要用利他的思维。需要超越短期企业自我的利益，以用户为导向考虑手段的设计。而"卖产品"更多的是为了销售出更多的产品，尽管期间也会采用一些让顾客满意的手段，但手段毕竟是手段，不是目标。本质上还是利己的。

没有看清楚这一点，所谓的品牌升级最后都会流产，打回卖货的原型。所以这难点的第一点就是认知的难，需要突破认知盲区，深度建立品牌新的价值信念。

◉ 难在边想边干已成为习惯

传统企业的老板，大多没有经过专业管理训练，大多是经验主义者和行动主义者。他们作风干练、反应迅速，善于从失败或者他人的实践中获得经验，这种边想边干，根据实际情况反馈来决策的模式叫反应型决策。这种决策方式对在一些市场营销活动中作战术决策是非常有效的，是他们取得成功的一个法宝。

例如某家企业在推广它的成功经验时就宣传过"快速反应、迅速行动"的观念。我的一个企业朋友甚至拿这句话当至理名言，学习回来后就请人用书法写出来，裱好，悬挂在公司中高层餐厅的主墙壁上。在这种理念的指导下，他的公司政策也常常是朝令夕改，员工与经销商都难以适从。

尤其是互联网商业项目流行后，许多传统产业的企业人对这种反应型决策更加速从，但对其应用场景的认知却少有清晰。这是因为在互联网项目中，需要的是迭代开发、快速反应。数据营销时代更需要适时观察数据做出决策调整。再加上一些人的经验化鼓吹，让人更加觉得反应型决策方式才是当下最重要的决策模式。

但是，企业创品牌却不能用反应型决策模式。它必须是一个自上而下，从顶层决策开始的模式。

为什么？因为正如前文所述，今天的品牌战已经升级到5.0版本，它在组织中的地位已经上升到公司的竞争战略。品牌战的核心主题是创建公司品牌，而不是产品品牌。因此不是可以通过请一个设计师画一个图标就可以解决的；也不是高空拉动地面推动促销行为可以解决的。品牌需要真正地走入人们的心中，这就需要一个系统地运作、持续地行动。

而这个系统运作的第一步就是要决策：企业希望在目标用户的心中植入怎样

的一个品牌联想。这个公司品牌是为你解决什么问题的,它在解决这方面问题上有什么独特性。这就是公司品牌的定位战略。

为什么需要先定位?

因为品牌不像有形的产品,人们可以直观地感知;品牌是无形的,它需要借助有形的产品去表达。它本质是一种思想、一种想法、一种观念、一种价值认知。你需要把它通过各种有形的工作或产品植入消费者的心中。

那么这些有形的产品或者服务、促销推广、渠道展示,依据什么来表达,这就必须事先规划好。如果没有系统地规划,那么参与工作的所有人就没有指挥、没有原则,全部凭着自己的主观理解来表现,最后到受众心目中就是一个大杂货,错乱的认知。

案例中好时光在决策做品牌这个大事时,决策的模式显然是随机型的、反应型的,这是他们公司多年来的习惯决策模式,也是很多中小民企经常出现的决策场景。

这种反应型决策的特点就是在问题发生并被发现后,再考虑采取相应的措施,缺乏前瞻性的决策和行动。这与战术操作倒是相适应的。因为具体工作过程中,个性的成分太大,每一个环节都蕴含着变数,你必须灵活应对。

但如今的市场环境需求维度太多,需求面太大,竞争者也太多,边缘市场迭出,这就逼得企业在众多的未来中寻找相对确定的未来,需要培育出更深厚及持久稳定的核心竞争力。这就需要科学的战略规划。如果缺乏这种战略规划的能力,大多数情况下会碰得头破血流。

马云幸好有一个蔡崇信,解决了他的项目的核心要素资金,才能挺到最后获得成功。但是蔡崇信的来临,有多少成分是一开始创业就想到的。如果不是创业时就明白资金是自己项目成功的关键要素,估计马云可能也会缺少勇气或者也不会有这九死一生的过程。所幸的是,他的悟性高,运气也很不错。

所以如果你决定创品牌,记住品牌的决策属于战略决策,不能边想边干,不能反应型决策,而必须先做好品牌规划。

◉ 难在不能持续稳定执行

品牌战略一旦确定进入实施,必须是一种长期行为导向,不能朝令夕改。品牌战略的不稳定必然带来下面支持系统的多变，表现为研发方向、产品策略、推广策略等的多变，最后在企业内部人员及渠道成员中造成的感受就是企业决策的多变，最终在用户心目中也就变成一个混乱的形象。

当前许多公司的品牌还是推广型的，企业有钱、有利润时忙着做品牌，没有钱了就砍掉广告费。品牌的主负责人往往又是空降的品牌总监，企业做品牌时同时想着原来产品的业绩不能降下来。所谓的"江山与美人"都想要，于是品牌总监常常是变成销售的促销推广者，直接服务于企业的产品销售，最后变成卖产品的辅助者。结果必然是背离了品牌的初衷和本质。

而品牌总监提出的招数如果不是立竿见影地推动业绩增长，企业就会淘汰这个总监，于是新的总监又搞一套新的推广策略，修正原来品牌的形象，于是最后落到用户心目中，这个品牌就是一个混乱的形象。而最后最容易被企业采用的就是那些能够立竿见影的打折促销的推广手段，这与品牌价值建设背道而驰。

因此要在目标用户心中植入企业的品牌联想，形成统一的品牌认知，品牌的运营和推广必须依据战略进行长期稳定的一致性的运作，它决不能因为负责人的变化而变化，更不能因为业绩不能快速刺激增长而被抛弃。

● 难在不能优生优育

创品牌之难还难在孕育上。

品牌的生产就像人生孩子，要经历十月怀胎阶段。这个阶段要把品牌上市前所有的局布好。

这与许爽好时光公司讨论品牌上市前要做的工作可完全不一样。案例故事呈现了大多数企业上品牌前对品牌的讨论场景估计好多读者看到这部分会有似曾相识的感觉。所以写这一段为的就是让大家有比较，形成更清醒的认识。

从专业的角度看，做品牌的第一步不是先搞产品、租店铺，而是先做品牌规划。其中品牌规划，需要经历从战略到策略再到组织系统化的过程。要拿出一个完整的方案。在战略部分，内要完成品牌定位，这是品牌的灵魂；外要完成品牌形象表达，这是品牌的毛发皮肤。而传统的形象系统只是涉及名字图色为核心的VI视觉系统，并在产品上呈现出来。这在今天已经远远不够。

由于今天的产品生命周期越来越短，个性化定制越来越多，产品品牌仅在外在视觉的形象上形成差异已经远远不足以形成强有力的竞争差异化区隔。品牌的形象系统除了符号形象、产品形象以外，还必须有公司形象系统和个人形象系统。事实上，我们说的百年品牌都是指公司品牌。

而在"卖人"比"卖产品"更重要的今天，个人品牌形象的规划也十分重要。

越早看到这一点的品牌越受益。董明珠开的店为什么不叫格力，而以个人名字命名，为什么网红卖不过董事长，关键是这个董事长的品牌力。企业老板是网红的，广告费大大减少。比如华为推出了任正非，任正非的言谈举止都是热点——这帮华为省去了多少的广告费。

但是，内有品牌灵魂外有品牌形象，只是完成了一个"胎儿"的身体设计，你还需要为这个身体的成长方式做一结构性的规划。这就是将"胎儿"连接到企业的各个职能系统，让研发、采购、制造、物流、人力资源、行政等为这个"胎儿"输送营养，大家一起来孵化"胎儿"，"胎儿"才能茁壮成长。

在上述基础上，为了让各个营养系统的工作协调，不相冲突，还需要建立有效的品牌支持的组织系统，实行合理的分工协作，并给予得当的奖罚考核，大家才会步调一致地持续地为品牌这个"胎儿"负责。

这种共同为品牌"胎儿"负责，为"宝宝"成长负责不仅要在行动上有切实的制度保障，还要深入每一个参与者的意识形态，成为大家共有的价值遵从，这就是品牌文化。

品牌文化是一个品牌实现对用户承诺的支持系统的意识、制度和行为方式。

如此下来，大家是否感受到：品牌规划的过程就是人类生孩子的十月怀胎过程，它调动了"母亲"体内各方面的因素来孵化孕育，参与的要素多，影响的要素也多。因为"母亲"不是孤立存在的，她是在与周边的环境互动中孕育"宝宝"的。她如果缺钱了、生气了、受寒了……都会影响"宝宝"的孕育（这就是为什么我们在做品牌规划时需要考虑内、外部环境的十几个影响因素的原因。）

因此，为了孕育出一个优质的品牌，在品牌"怀胎"（品牌规划）阶段需要了解他的双亲特点（组织的历史文化），哪些是可以遗传下来的，哪些是必须抛弃的；他出生后的家境如何（富贵还是贫穷）；他的性格怎样……

品牌孕育的过程是遗传与变异、继承与抛弃、肯定与否定的辩证统一。组织文化中的意识形态、经营哲学是品牌的基因，组织的生产、研发、物流、人力、营销等方面的资源与能力水平则是影响品牌胚胎的生成、发育的营养要素和环境因素。这些都绝不是靠漫天想象能创造出来的。

从特殊性上看，与人类怀胎生育不同的是，品牌的怀孕过程比孩子的孕育过程，主观能动的成分更大。按目前的科技水平，人是很难主观地设定自己孩子的性格、长相等特征的，而品牌这个"孩子"在许多方面却是可以事先规划的。

还有一点与人类孩子的出生相仿的是，品牌一旦诞生，它就属于社会的了，你不能随意地去修改它。诸如名字、形象特征、个性、出身等一些自然属性和社会属性，或者至少你得颇费一番周折即目标用户做良好的沟通后才能修改。这好比我们为孩子改个名字还要到公安局去备案一样。

然而，品牌毕竟还是具备有别于人类养育孩子的方式。人一生下来，其自然形象、性格特征若非外在人为原因而刻意去改变，是变化不大的，容易让他人识别，这是大自然的天赐所在。而品牌则是社会化的产物，人为的产物，是企业为了经营活动进行的拟人化模拟。所以不能随便整容，整得过了，就辨不出初始的特质了。这是品牌定位为何如此重要的一大原因。

微调是可以的，但如果调整的幅度太大，频率太高，就不容易让人记忆。没有记忆，品牌的无形资产就不能得到积累，品牌的价值就会受到损耗。所以品牌由里到外在形成后，需要企业去刻意维护，这就要求品牌建立一套组织管理的手段来维护。

正因为如此，许爽要做品牌就要像对待生孩子一样地慎重仔细。必须先做好品牌规划然后再按照规划去建立行动方案。品牌的商标、产品包装形象、店铺形象都必须根据品牌规划去设计。

假如我们规划这个品牌"生在"工薪阶层，那么我们的包装设计的风格、材质都必须适合工薪阶层的需要。假如这个品牌要"出生"在富贵人家，我们的所有表现品牌的元素，如商标、包装、店铺装修、促销道具包括价格的定位、渠道的决策等，全部都要根据富贵人家孩子的特性去设计。

案例中，许爽想跳过这个"怀胎"环节直接进入开店出售产品，然后以她习惯的反应型思维方式来经营这个"品牌孩子"，这就会使得她的品牌如同在娘胎里还没有孕育成型就被硬拽出来的"早产儿"。"早产儿"状态不稳定、难养、易夭折，人类如此，品牌亦是如此。

如此一个系统工程的规划显然十分需要专业能力。大部分传统企业不具有这个能力。怎么办？这就需要请"外脑"来协作。

● 难在难以找到一个真正的"外脑"

通过以上逻辑分析，就会得出品牌在规划阶段一定需要"外脑"的支持，这比后面战术运营时请专业机构帮助的重要性更大。

为什么？

因为品牌规划是一个十分专业的系统工程，需要强大的专业理论基础和实战能力。品牌的市场选择，品牌的定位、品牌的文化看起来就是几个字，一张纸的东西，但这是战略。

战略是将一万字变成一个字的过程。看起来简单地将苹果手机定位为智能手机而不是掌上小电脑，这需要综合内外部环境十多个要素后才能决定。而且对这些环境的洞察，必须是看透本质的，看透未来趋势的，否则只是信息的堆砌，这种报告就没有价值。

相比品牌运营阶段写一篇软文，一篇新闻，发布一个视频，这些就比较简单——定位清楚后，雇几个00后可能做得比品牌总监都要好。因为这是创意，年轻想象力丰富更有优势。但是让这些00后做策划创意时，必须先给他"品牌的宪法"，让他哪怕是孙悟空也跳不出品牌战略这个如来佛的掌心。

但现实中，因为大部分的企业主对品牌的认知是一个盲区，好多脑子中的品牌认识还是过去点点滴滴印在脑子中的，碎片化的，过去式的，可能老早就被淘汰了的旧知识，如此脑子中没有品牌的专业认知，自然就无法有效选择品牌的"外脑"，特别是选择"外脑"本身就是一个学问。选不好的，不仅浪费了钱，而且还可能被带入歧途，折损财力不要说，还会贻误大好的战略时机。

> **深度学习**

寻找品牌专业机构支持的方法

不会创建品牌怎么办？多数企业会想到找专业支持。但是如何找专业机构？品牌从战略到策略，到运营传播管理，已形成一个较为完整的中介服务产业链，各有自己的十八般武艺。如果找错了对象，不仅花冤枉钱，还会将您的事业引入歧途。

越来越多的企业考虑创建品牌，因为价格战实在太痛苦了。没有品牌的，永远是品牌的羔羊，在市场竞争中缺少话语权。

品牌的本质是将你的产品和服务的价值渗入用户的心智中，让他记着你的好，记着你的独特，让他记忆中少不了你，情感上离不开你。但这种进入用户心智的商业运营模式，中国大部分的企业人并不懂。于是请专业的中介机构来帮助自己，成为多数企业创建品牌必需的选择。

但是多数企业在请专业机构的第一步就出问题了。

因为自己并不懂得品牌，因此什么才是专业的自然就不懂。缺乏对专业的了解，自然也辨别不了专业和非专业的差异。

这种情况在中国尤其严重。因为第一，当下的中国，不良商业价值观泛滥，坑蒙者不乏。第二，搞品牌服务的从业者自己可能也不甚清楚自己的学问到底在什么水平，自己的专业知识是否应时。因为这个行业还没有有效管理或难以进行有效管理。

因此，做品牌不是需要不需要找第三方专业支持的问题，而是怎么找对人的问题。要懂得如何请品牌专业支持，必须了解品牌专业支持的产业链。

▍品牌服务产业链上游：如何选评战略管理品牌专家

品牌是一个大工程、一个系统工程。不同于产品开发，其成功常常可能来源于一个偶然的发现、一个突发奇想的创意。

品牌必须是一个主动性的管理行为，它本质上是企业的差异化的竞争战法。只不过这个竞争战法，在早期的市场竞争环境下，不需要太复杂，从最简单的质量差异化，到功能差异化再到如今的生态差异化，是逐步升级的。

而今天的差异化的品牌战已经上升到竞争战略级别，必须由企业的首脑做出决定、企业全员参与才能成功。因为今天的品牌战，本质上是公司品牌战，而不是产品品牌战。如此品牌战就要从顶层决策开始。品牌战的顶层决策解决的是品牌的定位问题、品牌的家族决策问题。这个决策要做对，前期必须做外部环境与内部环境全面周密的调研。

由于品牌定位与品牌家族决策都属于战略行为，因此它是一个理性逻辑的解析过程，这个部分工作的"外脑"属于管理咨询行业。管理咨询行业中有大的综合型咨询公司，他们往往会涉及品牌与市场营销。也有专科诊所型的，公司规模不大，但却是做品牌管理咨询的专业机构。

由于"外脑支持"是一个以人为本的行业，是服务业。就像大医院有小医生一样，能否请到一个合适的品牌管理咨询专家，关键不是看这个机构的品牌大小，而是看提供服务的那个专家的专业水平和服务能力。

那么，如何评价选择一个品牌战略管理专家呢？

请品牌战略管理专家时要注意的问题。

第一，看专家的理论联系实际的能力。光会书本上的理论，讲空洞的大道理的专家，还只是停留在理论上，到实践中未必能解决问题。

第二，看专家的逻辑能力。因为战略强调的是基于事实的逻辑解析，基于未来决策当下的逻辑解构能力。思维太跳跃的专家，提供的可能仅仅是创意，而不是战略。

第三，看专家过去帮助过哪些企业，有没有那些企业掌门人的直接证明材料，否则口说无凭。

第四，请战略专家时需要注意该专家的跨行业视角，并需要一定时间内的竞业限制。记住：越是往战术方向请"外脑"，越是注重行业经验，越是往顶层方向走，越需要跨行业的格局和眼光。

为什么？因为战略管理咨询顾问，需要很深的理论功力和实战经验，需要强大的逻辑能力，单靠一个行业的经验是远远不够的。如果选择这类顾问时看中他在行业里的经验，容易把企业带入死胡同。特别是战略是基于未来，而行业专家是基于过去本行业的经验。

同时，战略顾问在做企业咨询时，需要对企业进行全方位的调研，包括最核心的财务板块，对每个产品的利润贡献率的了解，是必做的功课，而这就需要财务的配合。对销售业绩、客户贡献价值的盘查也需要财务。所以战略顾问做咨询的过程，也是企业对自我的检索过程。这是企业最核心的秘密，许多营销财务不太健全的企业，连老板心里都没有数，不知道自己的家底到底是哪些，靠什么创造利润，企业的顾客价值到底在哪里。正是因为这样，所以战略顾问的老师就必须做到两年的竞业限制。

关于这一点，一般智慧一点的企业就会提出。但是这样的企业其实中国还很少。许多老板还以为行业经验越丰富，这个专家就越靠谱。这是非常大的误区。

▎品牌服务产业链中游：如何选评形象专家与法律专家

当品牌管理咨询专家解决了战略问题后，这时候可以请品牌形象专家来介入了，品牌的法律维护专家也可以介入。这两行业在中国是先于品牌管理专家发展起来的，从业者众多，比较容易找到。

品牌定位与品牌家族结构、品牌文化价值准则决策都属于战略层级。好比是人的大脑、内脏，外部需要皮肤、毛发包裹。这些外在的东西属于形象，属于策划，是对战略的展开。形象包括公司品牌形象、产品品牌形象、符号品牌形象和个人品牌形象。过去几十年，我们的品牌战是从符号形象开始的，因此这个认知一直沉淀在人们的脑子中，以至于好多人将品牌等同于符号形象。这是错误的。

在寻找形象专业机构合作时，需要注意的方法：

第一，目前品牌符号形象设计市场比较混乱。选择时一要看其对企业需求的理解度，对品牌战略定位的理解能力。

第二，寻找符号设计专业机构合作时，不能贪求机构规模，重点考察的应是提供服务的那个设计师的综合水平。

第三，要看其创意能力。这部分是对战略的展开，尤其需要有灵活度，有比较多的新主意的人参与。这从交流中看其表现力、敏感度、思维的发散性就可以获得判断。

第四，要看其过去的作品，并详细询问这些作品哪些由他本人操刀，为什么这么设计。一个有思想内涵的设计才能真正贯彻战略品牌的灵魂呈现。

第五，要看他手中当下服务的客户量。一个人的精力总是有限的。就像一个大牌医生一上午不能看太多的病人一样。在有限的时间内，因为精力顾不上，即使是大牌，也会影响其服务的质量。

由于品牌形象涉及公司品牌、产品品牌、个人品牌，这些都需要基于品牌的战略定位逐步展开。其中公司品牌形象需要通过公司的"大脑""心脏""肢体"进行拟人化的形式表达，这就与品牌文化就密切相关。品牌文化的制度和行为是外显的部分，可以在这个阶段进行。

公司品牌形象系统的塑造过程就是公司品牌人格化特质设计的过程，也是一个品牌对内部团队文化的重塑过程。这种重塑是基于外部品牌价值的塑造的一致性展开的。也就是说品牌文化与品牌定位应该是互为表里的关系。

当下先"卖人"后卖产品，人不被喜欢，产品就卖不动。在圈层经济时代，产品的动销与企业员工进入的圈层，及其与在圈层中的影响力有关。所以打造个人品牌，成为企业成长的核心能力之一。那么如何让员工成为品牌，这也是一个需要专业指导的工作。

但目前公司品牌与个人品牌的专业服务还属于早期培育阶段，市场上从事这个行当的机构和个人并不多，好多的都只是掌握了一些小技能的中介服务机构。需要仔细辨别后自己来组合。

品牌服务产业链下游：如何选评品牌运营与传播专业机构

品牌形象完成后，传统的品牌创建方法就到了传播阶段。但互联网时代，单向的传播失去了存在的价值，替代升级为品牌的运营。运营中包括对用户的运营、内容的运营、活动的运营等，当然这其中也含有对媒体投放的数字化运营。

在今天媒体即渠道的时代，品牌的运营即是对媒体的运营，包括网站、公众号等自媒体的运营，也包括对抖音、头条、知乎、哔哩哔哩等新媒体和电视台、电台、报纸、户外广告等传统媒体的运营。

天猫、淘宝等传统的电商也是品牌的很重要的展现渠道，因此品牌的运营也包括了它们。于是品牌的运营在今天几乎囊括一切与目标客户、公众的接触点。

运营的本质是根据目标对象的反馈不断地调整策略，是一种基于数字化营销的行为，也是一种不断推进品牌与目标受众的相互关系的社会化营销行为。这是运营的价值所在。所以运营是一个持续不断的大过程，不是靠点状的投放能解决问题的。

运营由策略和管理组成。所以今天创品牌也是一个管理行为、一个持续的管理过程。那些试图通过投放 KOL 成就品牌的想法都是幼稚的，它最多是你品牌创建过程中的一个点而已。

那么品牌运营是请外部机构协作，还是自己干为好呢？

这就看品牌在企业业务中的地位了。因为业务类型会涉及品牌对企业经营价值贡献作用的差异。比如一个材料型企业与一个营养品企业，后者的品牌作用就大得多。

也与企业的商业模式有关。一些需要广泛发动第三方来加入的业务模式，如现在流行的消费即分销的模式往往适合简单消费品，比那些依靠直接渠道进行大客户营销的耐用品或生产资料型企业更需要品牌。

也与行业所处的阶段有关。一个高度成熟的行业和一个刚起步的行业，前者就更需要品牌，而后者更需要质量稳定、性能优秀的产品。

如果企业管理者觉得品牌很重要，是一个持续的过程，那么建议内部自建运营团队。主要投入的是人员。但作为管理者如果不懂品牌战略，建议最好请一个顾问帮忙把关，指导企业如何带出团队。

CHAPTER5

第五章
品牌观念

李阳接受任务后就开始到处了解"外脑"的情况。他首先想到的是利用网络，这是一个捷径，因为他发现大凡有点名气的咨询公司都有自己的网站。同时他还积极地通过朋友和专业杂志了解情况。几天下来，他很快地感觉到这是一个非常杂乱的行业。

从定位来说，一些国际化的咨询机构，如，很著名的麦肯锡、IBM等。他们大多咨询价格高得吓人，动则就是千万人民币。请他们的都是国内一些特别著名的企业，像联想、TCL、华为等。

这些"洋咨询"的效果也是差异很大。除了华为以外，很少听到哪家公司公开站出来说，他们请了这些"洋外脑"后取得了怎样卓著的成绩。好多网友认为这类"洋咨询"是水土不服。

李阳是个喜欢自己动脑子分析问题的人。他一直想不明白，这水土不服的问题到底出在哪里？直到翻阅了大量的资料后，李阳终于从一个花大代价请外企做过咨询的企业的一位高级经理的一段话里找到了答案。

那个高级经理的意思是：许多企业请那些国际大牌就好比一个牧羊人放着一群羊，他每天对着的就是这几百头羊，因此对羊的情况十分熟悉。可是来了一群洋人，说是要帮助这个牧羊人分析把握羊群的情况。于是他们用了卫星定位系统来观察羊群，并用其研究深度分析所得的数据。张罗了数月，现代化的观察和研究工具方法用了不少，得出的结论却十分简单，无非是告诉牧羊人你有多少头羊，羊的情况如何如何诸如此类。可牧羊人每天与羊群在一起，这些问题他再清楚不过了。

看了这则故事，李阳的感觉是：所谓的"洋咨询"的水土不服其实就是他们拿建立在国外高度发展的市场基础上的咨询工具来分析国内企业，如果这家企业也是足够的成熟、拥有足够的规模，那请他们是必要的。

图 5-1　牧羊人对羊群的数量问题其实很清楚

但是如果这家企业规模不大，请"洋咨询"就好比杀鸡用了牛刀！问题的本质在于：用牛刀不仅是浪费，而且也不一定杀得死鸡！显然，小规模的企业不需要高级的"牛刀"。

因此洋咨询很快地就让李阳给排除掉了。

本土的咨询公司也是五花八门。李阳发现大多数公司在网站上宣传得自己好像诸如人力资源、市场营销、企业战略、生产管理、物流管理等什么都能做。再看看他们的队伍也是不得了，博士、硕士人才济济。

更厉害的是还有一些名牌大学的咨询公司，做咨询的都是留洋归来的博士后。幸亏李阳自己就是高校出来的，他不迷信这个。他想，今天好时光请的是搞品牌建设、搞渠道战略的咨询团队，这些炫人的资历未必一定适合自己，关键是能不能真的帮助企业解决问题，落地方案。因此，李阳觉得了解他们的成功案例比看来头更重要，毕竟品牌和营销看的是实战效果。

李阳仔细研究了各咨询公司的网站，发现虽然他们都讲得头头是道，每一个公司也都是宣称自己帮助许多企业获得了很大的发展，但究竟帮助了哪些公司获得怎样的发展却大多避而不谈。这使李阳很纳闷，这是为什么呢？

既然想找一些有成功案例的公司,李阳就把他的注意力转移到实战型的咨询公司上。他发现一些财经杂志上每期有大量的营销策划广告,有做渠道的、有做整体方案的、有做影视广告的,他们的业绩看起来都十分漂亮,客户也都是一些名牌企业,想来这些咨询公司应该不错。因此,李阳挑选了几家联系了一下。对方都十分热情,有的马上发了调查表进行交流;有的则派专家直接与他在电话里进行了交流,并表明他们可以派专家过来先实地看一下。

图5-2 先听课了解专家

于是,李阳赶紧把项目进展情况向许爽做了汇报。没想到,许爽这段时间也在关注这事情,并常常就此事与他的好朋友——中国红木家具大王林大鹏进行交流。

林董也是个十分好学又有创新思维的人。很多年前他就在上海找了职业经理人到公司当老总,他自己则专注于研究企业的发展战略并到处听课。他建议许爽先别急,光凭广告容易看走眼,最好是直接听专家讲课,这样能先与专家有个初步的接触。因为这种合作也是与人的合作,人品、专业能力都需要眼见为实。

林董的意见被许爽采纳。接下来的日子里,许爽、李阳一口气跑了好几个城市,到浙江大学、交通大学、清华大学听老师讲课。专门挑选那些有咨询能力的老师的课，口碑好，还得有成功案例。一段时间下来，见了不少。她发现这些老师真的了不起，课讲得十分精彩，课堂气氛出奇的好。

图 5-3　黄大师好厉害啊

李阳虽然说也是肚子里有些墨水的人，光听课少说就听了十几年了，但讲得这么动听的，从小到大，还是不多见。而许爽则因为失去了上大学的机会，所以对知识是特别地崇拜，几乎对每位讲课老师都十分地敬仰。这其中有个穿白褂染白发打扮特别的老师尤其吸引许爽，大家都叫这位老师为"黄大师"，感觉就像射雕英雄传里的"黄药师"，使这位老师显得更加神奇。

这位"黄大师"在课堂上展示了自己许多案例作品，许多名牌企业的商标、包装都是他设计的。"黄大师"也介绍说自己同时做营销策划、品牌文化、企业战略之类的咨询项目，而且出版过一本红遍中国的著作。

许爽听着听着，一股敬慕之情油然而起，当下就决定请"黄大师"做自己公司的顾问，帮自己实现品牌的梦想。听完课，她兴奋得就像一个刚进入社会的小姑娘，请"黄大师"签名。尤其是"黄大师"告诉她，流行饰品这个行业他很熟，他出道前在台湾就在这个行业做过时，许爽觉得这个黄大师非常适合自己，于是赶紧邀请大师尽快来公司考察，洽谈合作意向。

回到乌市，许爽赶紧找林董吹嘘这个神奇的"黄大师"，谈他的课堂多么有趣，他的作品多么漂亮等。林董仔细询问了一些细节，毕竟他听的课更多、更有经验，特别是他对这个老师也多少有些耳闻，他担心许爽说的"黄大师"可能更擅长于做视觉形象策划。

林董对品牌也不是那么懂，但他自己公司也要创品牌，为此听过不少老师的课，他感觉许爽现在最需要的应该是一个做品牌规划和渠道战略或者说品牌营销体系的人，他觉得那个人更像是一个做创意的品牌策划人。策划人到底与品牌咨询专家有什么区别，林董也说不太清楚，总觉得有差异，他们是两路人。于是，他觉得许爽应该更慎重一些，毕竟花费不少。

这次见面，林董提了一个非常有用的建议。他建议许爽不妨到杭州丹焱品牌管理咨询公司去看看。

图 5-4 推荐给你一个老师

他刚刚去杭州听了这个咨询公司的主舵——彤老师的课程，专门讲战略品牌闭环体系创建的。尽管他在全国听了很多老师的课程，但还是觉得这个老师是讲得最清晰、最专业、最落地的。他已经听了这个老师四次课了，每次感觉都不一样。课堂中老师还常常以她做过的项目为例进行深度解剖，这些项目都是一些大企业委托的，而且就在本地，这种情况下水分应该会比较少。

请"外脑"，最担心的是专家不负责，本地的公司总会相对可靠吧。另外，咨询的过程通常比较长，需要经常联络，本地总是方便些。许爽听了十分在理，赶紧按照林董提供的联系方式拨通了电话。

案例思考：

如何甄别公司品牌顾问？

案例解析

⊙ 刘备没有诸葛亮，有三国演义吗

由于公司品牌创建是一个自上而下的系统工程，品牌的顶层设计就是制订品牌的战略。这里包括公司品牌定位战略和品牌结构战略（也称品牌家族决策），也包括品牌形象的策略，还包括品牌战略指导下的价值链实施策略，以及围绕品牌建设设计的组织结构、品牌流程管理与绩效匹配。这是品牌创建的第一步，也是品牌创建最重要的一步。如果这一步错误，那么后续所有在此基础上展开的品牌战术表达都有可能是错的。所以找对品牌战略"外脑"，事关创牌企业的生死存亡。这就好比刘备没有诸葛亮，后续的三国演义就无从谈起。

另一个角度看，品牌化建设是一个重大的长期投资行为。品牌方必须先"养树"，树大了才能"产果"。品牌的收益一定是品牌长期培育后水到渠成的结果，因此品牌建设过程不仅需要有系统的方案，更需要一个适合的能够支持品牌创建的组织结构和绩效系统。

因此借助外力来帮助自己做品牌规划和决策十分重要。

但是在现实中，如何找对战略"外脑"却是一件比较难的事。如果找错了"外脑"，这样的借力结果不仅不能"解难"，而且会"招难"，对企业发展的负面

影响会很大。所谓"战略决定兴亡，战术决定成败"说的就是这个道理。

本案中许爽与李阳用了三种方法寻找"外脑"。一是通过网络，了解咨询公司的情况；二是通过听课；三是通过朋友介绍。

通过网络了解整体咨询界的状况，并通过了解网站上的咨询案例获得一些合作的经验；听课可以直接接触老师，感受老师的真实水平；朋友介绍则可以借鉴朋友的经验、认识和判断。三个方法都有其积极的作用，但也都存在一些问题，需要综合运用。

⊙ 全科的好还是专业的好

目前，有一点实力的咨询公司基本上都建立了自己的网站，各家网站上都罗列了自己的专家队伍、成功案例。缺乏专业能力的人上了这些网站后，可能都会犯糊涂，容易被表面现象所迷惑：密集的成功案例、众多的博士教授、跨国公司的背景、海归人士等。

但如果你具备专业知识或者善于分析，就能够发现：咨询行业是一个完全依托人力资源的行业。有什么样的咨询专家，才能做什么样的咨询。而每个专家的专业能力、精力都是有限的，因此他所擅长的也只能是某方面的咨询。

博和专是一对矛盾体，又博又专只能是特例。这可以与医生这个职业做个比较。

一个能看全科的医生，必然各科的知识都不会精专，只能处理一些常见的轻症病人。而一个专科医生自然是学有所专，在某一方面更精通些。因此，大型综合医院的专业分得都很细致，譬如内科分了呼吸内科、内分泌内科……

但即使大如北京协和医院、上海华山医院等这些大型医院也无法做到在所有的科目上专业都很强。

为什么？因为医疗也是个十分依赖人力资源的行业，而专家是稀缺资源，所以，每家医院的专业能力会因为人才结构的差异性而表现出不同的专长。

从"卖产品"到"卖品牌"属于战略变革，我们需要自上而下规划。战略规划这部分内容属于管理咨询行业，而不是营销策划、品牌策划或广告策划等策划业（下面统称为策划）。

当管理咨询作为一项职业传入中国后，就有位著名的策划人说过："其实，在国外没有什么策划的行业，只有咨询，中国的策划业就是咨询业。"而当人们翻开在中国本土备受关注的咨询杰作时，又会惊讶地发现，这些令人咋舌的策划杰作却都是围绕着公共关系、广告、促销等传播工作展开的。靠的是一条特别具有创意的广告、一个别出心裁的公关活动或一个花费不多但又特别具有传播价值的新闻炒作……于是，中国的企业人开始明白，原来策划又多了一个名词，那就是管理咨询。但是事实真的如此吗？

在国外，虽然没有策划业，却有广告业。广告业内有策划人。而管理咨询公司的专家叫管理咨询师。但在国内，策划业似乎就是咨询业，策划与管理咨询一直被混为一谈。特别在今天广告的业务越来越难做的时候，原来以广告、促销推广策划为业的公司纷纷抛弃了似乎已经过时的策划公司的名字，更名为时髦的管理咨询公司、顾问公司；于是当企业管理顾问公司的咨询师到企业工作时，常常被企业人尊称为策划大师；当企业人与管理咨询公司顾问接触时，企业人收到的却常常是一个个广告策划方案……

实际上，策划业的定位是为企业的产品与企业形象传播提供服务，管理咨询则主要解决企业战略与管理层面的问题。战略本身其实就是一种管理手段，它们都属于企业管理范畴；而策划属于传播范畴，专业上大多属于传媒。二者的关键成功要素也不同。策划更需要创意的能力，即需要艺术创造的能力；管理咨询更需要科学研究的能力。

何谓艺术？艺术就是在必然基础上的个性发挥的极致，只会模仿谈不上艺术。艺术与科学从某种意义上说是形式与内容的关系。企业只有将自己的战略策略建立在科学的基础上，方能追求艺术化的表现形式。

个性表现必须建立在对共性把握的基础上，这种共性就是事物的普遍法则，离开这些普遍的法则空谈个性创造，就是沙漠上造大厦，空有海市蜃楼般的美丽，但终究是场幻影而已。企业若离开理性的战略方案追求缥缈的创意策划，即使产生一时间的市场效应，但最终的结局仍然逃脱不了昙花一现的命运。

那么，您的企业需要的是哪类服务呢？如果您希望您的企业或产品一举成名，或您想制作一条富有创意的广告、一个具有轰动效应的公关活动，或您想办一个新闻发布会、一个很有创意的会展，请您找策划人、创意人。因为，他们能为您解决传播上的问题。如果您的企业需要在内部管理、市场管理、市场的整体策略、渠道策略及企业的发展策略等全局性或者其他深层次问题上获得帮助，那么就找管理咨询师。

但问题又来了。由于战术是战略的表达，如果你找的两家公司来做这事，出现的问题是：做战术的执行者由于在不同的机构，受利益关系制约，常常会不愿意执行前段战略上的要求，导致战术与战略无法协调。于是出现企业找的合作机构越多，品牌表现出的形象就越杂，违反了品牌要发出一致声音的基本原则。所以，现在许多智慧的企业家都察觉到了这一点，干脆请做战略的管理咨询师统领或与管理咨询机构建立战略合作关系，由他们负责整个品牌战略到执行管理的一系列活动。

● 注意"大医院小医生"的问题

一个咨询公司号称有多少全职的博士，也是有问题的。因为咨询师的专业能力要求很高，劳动力报酬也十分高。一个企业如果养了一大批博士，其成本会非常高，这需要强大的市场基础来支持，否则就难以维系，这通常只有在一个大牌公司才有可能。在目前这个阶段，中国咨询行业的这种大牌公司或者是移植于跨国咨询公司的品牌基础，或者就是靠强大的广告攻势堆积起来。

跨国公司的咨询品牌经验来自国外，这些经验在针对一些事务型的咨询项目如 ERP、生产、物流等方面可能有借鉴意义，而在针对营销、企业文化这些课题时，可以借鉴的就不多了。这是因为在事务层面，知识经验可以起到很大的作用，而在策略、模式方面，由于其具有更多的特殊性，特别是品牌、营销、企业文化等都是建立在人文的基础上的，它的特殊性就更强。

外国人不易懂得中国的人文，很难准确地把握这些课题，所以可以借鉴的地方也就比较少了。当年在国外做到第一、第二的啤酒品牌如贝克、生力等，今天早已退出中国市场，即使是飞利浦照明这样一个超级国际大牌，在中国市场上也是不断更换首席执行官。中国市场对他们来说，还是个难以破解的谜。

中国本土的咨询或者策划大牌公司目前还处于靠合伙人堆砌起来，所谓的大牌许多是靠合伙人支付的提成费共同做推广形成，知名度高些而已。这个行业成功的关键因素还是取决于合伙人的质量。但由于这个行业的商业门槛太低，合伙人如果能够自己独立单干，自己的价值被客户认可，不需要借助这些所谓的大品牌的名声，他一定会独立出来自己"接活儿"。因为这样可以少交业务收入的三分之一甚至更多给自己所在的公司。

管理咨询尤其是与市场相关的营销和品牌管理咨询，属于管理咨询的细分行业，因为咨询人才比较人力资源等更难以培养，所以行业规模很小，人才不足是普遍问题。多数综合型管理咨询公司在这方面因为缺少人才而难以维系，或者说本身就是专家，这些老师更容易直接独立开自己的咨询公司。所以大公司里面济济无名之辈特别多。

所以，寻找战略品牌与营销方面的管理咨询专家，公司规模的大小并非首要的关键选项。

● 注意各种推荐方式的利弊

通过听课找老师显然比网络要更进一步，因为这样可以直接感受老师的水平。但同样存在一个问题：如果听课人本身缺乏专业知识、判别能力，那么他仍然无法判断这个老师是否就是那个能解决自己的问题的人。

许多企业在提出咨询任务时，往往并不十分清楚自己的问题的症结。犹如一个人生病了，他大致能知道出了健康问题，但具体是什么病，是否真的是这个病，他是无法做到明确诊断的，因此听课找老师的关键问题是找准对接。

如果感觉自己的问题比较清晰，又发现老师擅长解决的问题正好是这方面的，这就是对位了。而在此方面无法准确判断时，就应该与老师做进一步的深入交流。如果仍然无法判断，那就凭你与人打交道的经验，用衡量老师职业道德的标准来作辅助判断吧。

一个诚实、负责任的咨询师必然具有专家学者的风范，绝不是胡乱承诺的商人。如果不加思考地过度的承诺，就像一个医生尚未了解病情就承诺能治好一样，一旦合作，结果就可想而知了。

朋友推荐相对来说是一种更加可靠的方式。如果朋友是一个本身很有判断能力、专业知识也比较强的人，这种推荐相对可靠。但委托人的圈子往往与咨询圈不同，好比老板们的朋友往往也是老板。这种情况下，如果该老板已经接触过咨询，并且已经积累了一些如何找"外脑"的经验，这种经验就是很重要的财富。如果这个老板恰巧也直接接触过这个咨询公司，那么他的推荐无疑是更具有参考价值了。

但现实中，企业人由于缺乏品牌的认知，也不能系统地掌握品牌创建的深度学习和方法，甚至脑子中对品牌的认知都是传统的 1.0 版本、2.0 版本，比如当下正在狂轰滥炸的某动物奶制品，应该是花了很大代价了，但是这个企业走的就是 2.0 版本的模式，其结果常常是销售额抵不上推广费。

除了上述鉴别战略品牌专家的方法以外，还需要与品牌专家碰撞，讨论对品牌的理解，形成共识。如果这个专家只能从美学角度、视频创意传播角度、KOL 选择角度谈，显然他的专业素养不适合做品牌顾问。

为了避免企业在邀请"外脑"时很被动，有一些基本的专业观点供选择战略专家时做参考。

深度学习

找观念契合的品牌专家

品牌创建在顶层设计上要找专家合作，就像一个人要找对象结婚一样，需要观念契合。如果这一步错了，很可能劳民伤财。与品牌专家达成观念共识，其实就是对品牌的基本认知和创建路径形成共识。

第一观，品牌的本质的理解

因为对品牌理解的多样化，不同的学科站在不同的角度对品牌的解释不同，而品牌在近几十年的发展中，不同的阶段理解也不同。有从品牌建立的过程阐述的，有从内容阐述的，有从品牌的作用阐述的……很难说哪种理解是正确的或者错误的。正因为如此，我们对品牌战略专家的鉴别就要看他对品牌的认识是否能抓到根本，也就是品牌本质的把握能力。

品牌的本质就是为了建立与消费者长期稳定的信任关系而在消费者心智中建立的价值识别。语言表述可以千变万化，关键词是心智、价值和识别。

首先，品牌是一种识别系统。因为品牌战源于供大于求的市场，本身是为了更好地赢得竞争，赢得消费者的眼球而创建。它是差异化竞争战略中的一种，其手段是通过制造识别来吸引注意。这个识别最初很简单，只要通过视觉符号系统就可以做到。但现在视觉符号的表达太难以区分品牌内涵，于是开始演绎到功能识别、象征识别、情感识别，一步步往深了做，最后做成一种深度的相互信任的关系。通过独特的关系来建立与其他品牌的差异，这是最稳定的基于品牌内在的识别。

其次，品牌是一种价值。品牌的本质是卖价值，必须对消费者带来超乎其期望的识别价值，对方才会真正信任你。任何广告堆砌或者各种情绪煽动的会销之类的方式，都为品牌不屑。品牌在表象上也可能会有会议营销手段，但本质是用户友好型的。

最后，品牌一定要入心。只是通过各种打折促销手段吸引购买的，都是酒肉朋友。品牌的本质是用户心的认同，在用户心智中住下来。

第二观，品牌之虚与实

品牌是虚的，是精神性的，它表面上是一个符号系统，表现为一个名称，一个LOGO，一些视觉设计，但因为是虚的，所以需要符号系统下面的产品之"实"去支持，离开了产品，品牌的大厦是不成立的。现实中，好多企业朋友将品牌与产品对立起来，这是错误的。品牌之虚需要产品之实去支撑。

另外，品牌符号系统的价值不是指商标符号值钱，而是其内在的与用户的信任关系值钱。这个价值不仅包括产品提供的物质价值，也包括用户心目中的信任、爱护的价值。

因此短期靠广告轰炸、靠远距离的广告传播辐射形成的品牌影响力都是很有限的，浮于形式的。品牌是一个慢慢培育的过程，就像人与人之间的关系，年份久了才能真正地了解彼此，建立真正的信任，所谓"路遥知马力，日久见人心"。品牌与消费者和用户的关系也是如此。

品牌的实不仅仅是产品，其实是品牌与消费者接触的一切点。这些点的品牌化背后支持的是整个企业的价值链体系。从研发采购、制造、营销、物流、售后服务，到人力资源支持系统、行政管理系统、财务管理系统。

在上述的企业品牌价值支持系统中，研发、采购、制造、物流、售后及行政、人力、财务都是传统企业已经熟悉的功能，唯有营销是最不熟悉的。因为营销在大部分企业人头脑中，等同于促销或者就是推销。这样的一种偏见，导致企业的营销功能十分弱化，也是不完善的。

营销是企业接触用户最前沿的阵地。营销中的产品、价格、渠道和促销方式是品牌落地最核心最重要的板块，也是品牌化营销的四大支柱。因此要做品牌方案，必须同时做好营销系统方案，将品牌与营销融合起来。所以营销是品牌之实中的重中之重，必须在品牌方案制订时配套制订。否则，缺乏营销支持的品牌，终究会成为空中楼阁。

品牌的支持系统从价值观、制度环境到行为的改变就是品牌文化的形成过程。

如果企业对营销、促销与推销并不了解，下面一段关于管理营销与促销的差异的文字，请务必阅读。

营销不等于促销。

在讲述营销的"术"之前，有必要先对营销做一个简单的概念约定，避免企业对营销存在片面认知。

中国的营销其实广泛地被理解为促销推广。它包括了广告、销售促进公关关系和人员销售四种工具（见图5-5）。

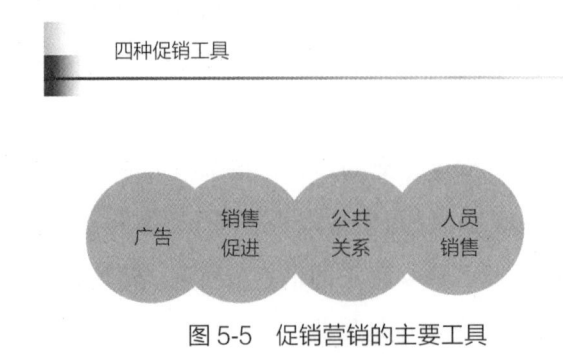

四种促销工具

广告　销售促进　公共关系　人员销售

图5-5　促销营销的主要工具

广告。大家比较好理解，广而告之。一般把广告分成三种：通知型广告、说服型广告和提醒型广告。需要注意的是一个新品牌在上市期比较适合通知型广告，成长期适合说服型广告，而成熟期适合提醒型广告。就像可口可乐，大家都比较熟悉了，每年旺季来临时提醒一下就可以了。对于大多数新品牌来说，重要的是让人家知道你来了、你是谁？所以品牌创建者在创建期一般比较适合采用通知型广告。

销售促进，也称为"营业推广"，是指企业运用各种短期诱因鼓励消费者和中间商购买、经销或代理企业产品或服务的促销活动。我们经常看到的"买一百送五十""大促"之类的都属于销售促进。销售促进的工具有很多，针对消费者的有赠送样品、提供优惠券、减价优惠、退款优惠、趣味类促销、有奖销售、以旧换新、示范表演等。针对渠道商的有：折扣、经销津贴、宣传补贴、陈列补贴、销售竞赛、展览会等。

销售促进的特点是"现场促销"，促销效果显著。因为实际上是变相降价，大家感觉捡到便宜了，所以特别有效。根据麦肯锡的研究，中国消费者的购买行为经常会在最后一刻改变主意，不是受店内促销活动的影响，就是听从了销售人员的推荐。65%的受访者表示他们通常会拎着不是原先计划购买的品牌产品离开商店。消费者普遍有一种心理，认为购买促销的东西就是捡了便宜。所以，销售促进这个方法特别有效，能够直接刺激销售业绩的增长，因此被广泛运用，演变成价格战的一种新形式。实际上销售促进只能在特定时期作为短期性促销深度学习，也只能是一种辅助性促销方式，不能长期使用。因为它实际上是变相降价，不仅会贬低产品的价值，而且会降低品牌的价值，所以对于一个创建品牌的企业来说，销售促进的策略运用要慎重。

公共关系。所谓公共关系，就是组织或个人为改善与社会公众的关系，促进公众对组织的认识、理解、支持，以便树立良好的形象，实现组织或个人与公众的共同利益和目标的管理活动与职能。公关在营销中的职能，主要是通过信息监测、舆论宣传、沟通协调、危机处理来帮助营销者达成目标。传统的公关手段有很多，但大致离不开图 5-6 中的八种活动。

公关关系策略

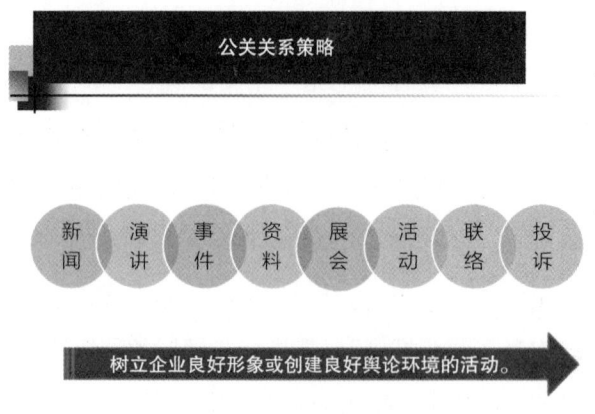

新闻　演讲　事件　资料　展会　活动　联络　投诉

树立企业良好形象或创建良好舆论环境的活动。

图 5-6　公关的主要手段

而管理视角下的营销，这个促销实际上是营销管理框架中四个 P 的最后一个（见图 5-7）。

目标市场营销战略

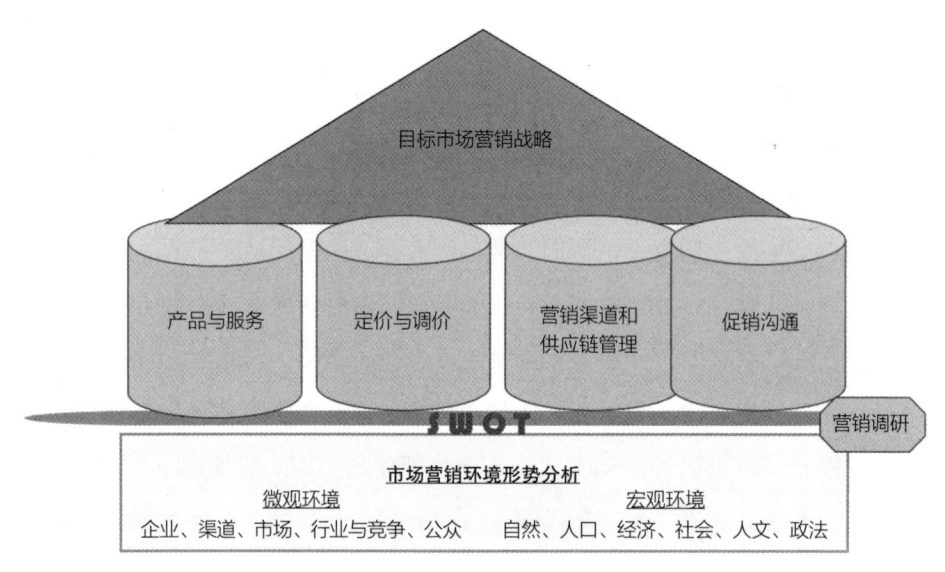

产品与服务　｜　定价与调价　｜　营销渠道和供应链管理　｜　促销沟通

SWOT

市场营销环境形势分析
微观环境：企业、渠道、市场、行业与竞争、公众
宏观环境：自然、人口、经济、社会、人文、政法

营销调研

图 5-7　营销理论基本框架

因为管理营销强调营销是创造价值满足需求的活动，理论体系上首先是建立目标市场营销战略，完成市场细分、市场选择到市场定位三个步骤，然后以这个战略为指导，建立产品、价格、渠道和促销四大策略。

显然管理营销不等于促销推广，它的内涵要大得多。但是由于受众接触到的都是冲锋在前沿的推销者，接触到的都是营销的术，营销的道躲在后面看不到，所以大部分企业人理解的营销都是促销营销，也就是通过广告、公关、营业推广和人员推销进行的营销，也就是市场上对营销的理解就是 4P 中的那个最后的 P，促销与沟通。

第三观，公司品牌不同阶段对用户关系管理的方式差异

品牌创建的过程就是对用户关系管理的过程。这个过程按照著名的战略品牌专家凯文·莱恩·凯勒从一个产品品牌的创建过程谈了创建品牌的四步曲理论，对中国企业创建公司品牌仍然具有指导意义。

他认为，一个产品品牌创建需要经历四个阶段，如图 5-8 所示。

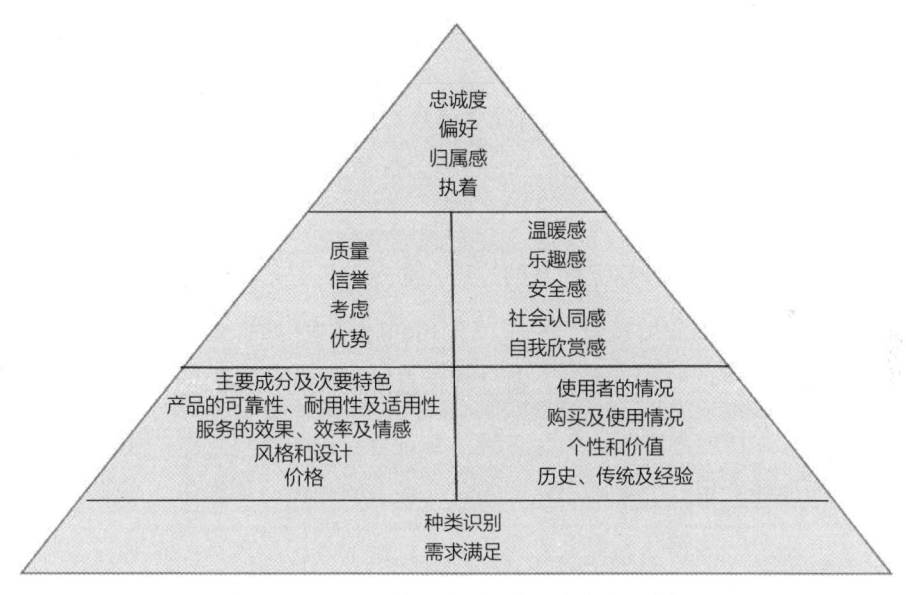

```
                    忠诚度
                    偏好
                    归属感
                    执着

          质量              温暖感
          信誉              乐趣感
          考虑              安全感
          优势            社会认同感
                         自我欣赏感

   主要成分及次要特色          使用者的情况
产品的可靠性、耐用性及适用性      购买及使用情况
 服务的效果、效率及情感          个性和价值
     风格和设计             历史、传统及经验
       价格

                种类识别
                需求满足
```

图 5-8　凯文·莱恩·凯勒的品牌创建四步骤

第一阶段：品牌显著度建立阶段。建立品牌识别，明确什么是品牌，建立深厚的、广泛的品牌认知。

第二阶段：建立品牌的功效和形象。从功能性、物质性角度明确品牌的含义，讲清楚这个品牌是什么产品，有什么用途，解决什么问题。从精神层面明确品牌与其他品牌的差异点和共同点。

第三阶段：建立品牌的判断和感受。一方面从物质性方面让消费者对产品

产生感觉。能确认这个品牌的产品质量、设计风格、服务如何等；另一方面从精神性层面让消费者对品牌有响应，而不是无动于衷。比如品牌参加了"中国好声音"活动，作为消费者的"他"或者"她"能有感受，有关注。

第四阶段：建立品牌的共鸣。这是品牌达到的最高境界。此时品牌的物质性状态已被消费者弱化了，消费者已经与品牌建立起深刻牢固的信任关系，因此即使品牌出了点差错，消费者也会原谅。此时品牌与消费者的关系已经有共振的效果。品牌好，消费者能感受到；品牌痛苦，消费者也会感同身受。比如某品牌在"3·15"上被投诉，消费者就集结起来抗议，这就是一个强品牌才出现的现象。

公司品牌的创建与产品品牌的用户关系管理路径是一致的。因为公司品牌的基石是产品，公司品牌塑造得再好，产品不能与公司品牌表达的一致，那就是对公司品牌最大的背离。就如沃尔沃在产品上要塑造安全的形象，必须要通过安全的产品功能去表达，而公司的理念价值观、制度流程都要围绕着安全展开。

但公司品牌与消费者建立联系的过程，必然首先是产品品牌被接受，然后逐步过渡到对背后的企业的接受。当然当公司品牌强大以后，也可以做品牌延伸，发展到新产品。就如当今的腾讯，通过腾讯直接延伸到很多的行业。

所以创业公司品牌创建的第一步是拿着符合公司品牌定位的产品先让顾客了解自己。而那些产品已经被用户认可的名气很大的品牌，如海尔、海信等，就需要在公司与用户的情感联系上下更多的工夫。品牌与用户关系的发展与企业的生命周期发展应该是一致的。越是沉淀久的企业，越需要用精神的力量、价值观的力量感召用户，培养忠诚度。

▎第四观，品牌生命力塑造是个永远进行时

品牌是一个生命体，一旦创建，就需要像呵护生命一样去呵护，不能停止。生命的要素就是永远跟着环境的变化而调整自己的生存方式，与环境互动。否则自我导向，根据自己的主观需要，有钱时与用户互动一下，给品牌输一下营养。没钱了，没精力了，忙了，就将它扔到一边，这样的品牌，即使曾经辉煌，但最

后还是会失去生命之活力。我们把这种状态的品牌称为"墓地品牌"。

第五观，全面拥抱新技术

无论是品牌的产品研发或生产技术，还是品牌与用户，与外部世界沟通的技术都要充分结合当代的信息化技术和智能技术，这是当代品牌创新必须遵从的基本原则。

产品与互联网技术的融合创新。

将互联网技术与互联网时代的市场需求进行融合创新，研发新的产品是融合创新建设品牌的基本点。

由上所述，互联网时代是一个新的生命周期，目前仅仅少数产品如智能手机进入了成长期，大部分产品都还处于工业化时代的末期或者互联网时代的导入期，此阶段为转型期。所有的基于工业化时代的需求和技术设计的产品都已经与时代需求不吻合，都需要与互联网技术融合，重新设计研发。因此这是一个风口时代。

所谓风，来自新兴的技术之风。用新技术去改造老产品，用新的需求去建构产品新的价值点。这是互联网时代传统产品品牌化建设的基石。

新技术与用户沟通方式的融合。

品牌的建设一方面是物质性的产品，另一方面是精神性的体验。

互联网时代，消费者更加的理性与感性（娱乐化）。一方面因为信息沟通的畅通，所有建立在信息不对称基础上的品牌化表现方式都破灭了。只有与消费者走得更近，特别是依靠口碑进行传播的品牌，消费者才会更愿意接受。

另一方面，互联网时代的消费者需要的是更有品质的生活，需要快乐。从马斯洛的需求理论上说，需要社交、尊重、自我实现，都是精神层面的。如果一个品牌让消费者感觉不到它的温度、情感，就不会愿意接受它。因此品牌的塑造一定以关系的近距离接触为基础。如果与消费者的距离没有走近，那么其他一切联系都无从谈起，如此信任关系也就只是一个概念。

于是，品牌的建设就是以建立消费者的关系为基础，因此微信、微博、博客，线上线下的沟通等一切可以与消费者走近的互动沟通方式就变得十分必要。

学会运用互联网技术沟通深度学习新媒体表达自己变成十分重要的事。

第六观，品牌接触点管理比传播更重要

品牌的本质是与消费者建立信任关系，信任企业所说的能够提供给消费者的价值点。因此传统制造型产业在互联网时代的转型创新要同时完成两件大事：一方面研发制造智能产品，另一方面还要培育与消费者的情感关系。

而情感关系的建立方式又不能只喊一句"真诚到永远"，消费者就真的相信你是真诚的了。消费者需要在产品体验、购买体验、消费体验、服务体验的每一个环节都能感受到企业的真诚才能形成对品牌真正的信任关系。这就是品牌接触点管理的理论。

品牌接触点管理就是做好与顾客及相关利益者的每一个接触时区的顾客体验，传达品牌一致的声音。这种品牌关系主要不是靠策划，而是靠管理得来。所以品牌像工业化时代那样，依靠策划人想一句广告语，然后大规模地传播制造品牌的模式已经过去了，新的品牌塑造方式一定是细化的、落地的、系统的。

这样的品牌建设方式与服务有关，因此与人力资源有关。如果企业的人力资源不足，那就要利用互联网的技术，建立以资源整合共享为核心的跨企业合作模式，并让消费者成为品牌中的主人，让他们自己参与到品牌建设中来。于是在品牌生态圈中，互为联系、互为作用、互为促进、平等沟通，这就是互联网时代品牌建设方式的一种新路径。

那么，现在站在企业面前的这位品牌战略专家在上述品牌观念上持何种态度，你们达成共识了吗？不要吝啬您与专家共同探讨沟通形成共识的时间。品牌创建是一个万里长征，找谁来带路很重要。这第一步务必走扎实了。

CHAPTER6

第六章

品牌诊断

许爽最后还是选择了杭州丹焱品牌营销管理咨询有限公司（以下简称丹焱）。主要原因如下几点：

第一，丹焱是专业做战略品牌营销管理体系的公司，已经有近二十年的历史；许爽和李阳通过大量的学习、与彤老师的交流，明白要让品牌落到实处，光有品牌理念、符号设计是远远不够的，建公司品牌需要体系化，光有品牌不懂营销，在最关键的与顾客接触的点上没有涉及营销，这个方案是难以落地的。而至于研发采购制造等都是内部人自己可以按照品牌化需求来完成的。所以品牌、营销两个合在一起的管理咨询方案就很重要。

第二，丹焱主做项目的老师就是公司的首席咨询师彤老师。她既是大学货真价实的教授，又在商海里打拼过，当过营销公司的老总，掌舵过大企业集团的营销大项目，获得过大奖，又给很多企业做过咨询项目。

第三，丹焱彤老师不仅懂品牌，懂战略，更懂营销，知识面广，经验丰富。

第四，彤老师口碑很好，许多企业家朋友都推荐，网络上也有她做过项目的企业的亲口音频评价，真实可信。

许爽接受了彤老师的观点，决定与丹焱公司合作，并要求彤老师亲自操刀做一整套的战略品牌营销管理体系方案。

丹焱的主舵老师彤老师则提出为确保这个项目的成功，需要内外部专家一起配合，丹焱出的是外部专家，好时光出的是内部专家，内外部一起配合，才会有项目的成功。

内部组确定由李阳担当执行主席。

合约签订后的第三天，李阳就收到了丹焱专家组发来的第一阶段的工作计划和一个为了公司品牌营销规划方案需要进行的内部诊断调研大纲。约定三天后专家组进场，请李阳安排好内部访谈对象的时间。

李阳一看调研大纲，吓了一跳。哇！仅内部调研就牵涉到那么多的部门，不仅有营销系统的总经理、市场部经理、销售部经理、区域经理、各部门的主管及销售后勤的主管，还涉及人力资源部门、物流部门。

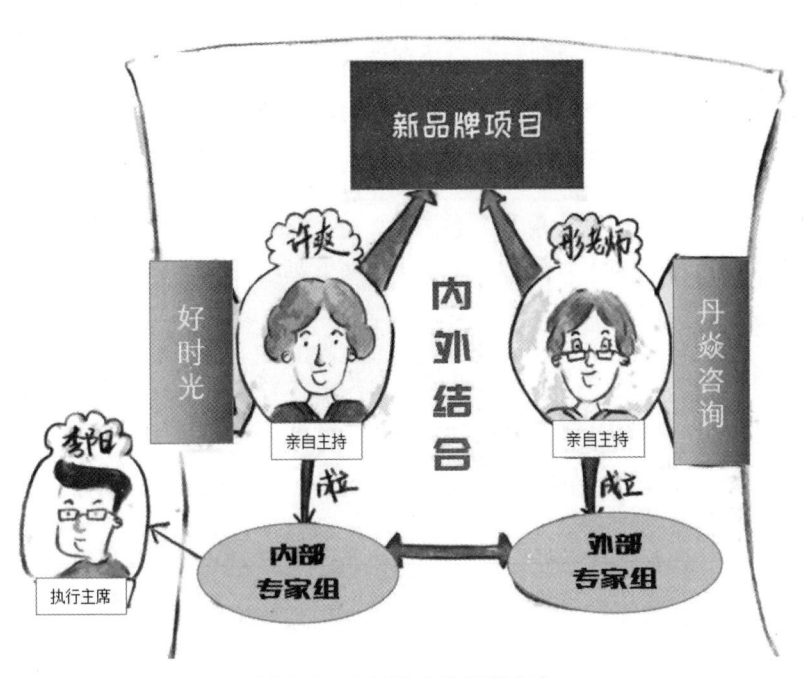

图 6-1　内外结合做品牌方案

图 6-2　调研工作涉及的部门众多

让人费解的是，调研还要求访谈财务部门、生产部门、技术研发部门及质量管理部门，就是公司所有的职能部门全部涉及了。李阳知道民营企业对财务信息非常敏感，因此，直至今日李阳都不敢触动财务这根神经。而技术研发、生产部门李阳虽然也认识，但关系都不是很密切，让李阳来调度他们的工作，尽管只是一次小小的访谈，李阳还是感觉有些头疼："不就是做一个品牌营销方面的咨询嘛，需要牵涉到那么多的部门吗？真有这个必要吗？让我去指挥他们，这些元老们会怎么想？搞不好还以为我另有企图。"

而当看到调研大纲要求他同时提供公司近五年的一些财务数据时，李阳更是不解，于是不由地怀疑起这个专家组的动机了。

同时，李阳又觉得这个工作做起来很有难度：他不仅需要调度本部门的人员，还要调度那些比他资历更老、贡献更大、实际地位更高的人……于是李阳只得去求助许爽，顺便也谈谈自己心中的疑惑。

图 6-3　专家调研自有其逻辑

许爽毕竟是个豁达的人，听后却不以为然："我也听到了一些反映，有些还挺激烈的。不过,我觉得既然是公司品牌,当然要全面调研了。要相信专家组,他们这样做肯定有他们的逻辑。不过就这样让你直接去调度,确实也有困难。你先与专家组沟通一下,看看是否能先跟大家解释解释,然后再进入调查?"

图6-4　需要大家一起来做品牌

没想到,李阳与彤老师一沟通,彤老师就笑了:"不用担心,你没有看到我们计划里的第一个环节就是进场后先召开一个动员大会吗?会上,我们会就这次合作的进程和每个阶段的工作内容做一个报告。而且为了保证项目的顺利实施,我们还会讲授一些基本的品牌与营销理念,统一大家的思想。譬如公司品牌创建是大家的事,虽然营销部门最为重要,因为它在前沿直接接触顾客。所以这次方案我们虽是做公司品牌营销体系规划,但其他部门所拥有的资源和能力,都是品牌规划时需要考虑的影响因素。因此这次调查势必涉及其他研发、生产、财务等部门。而我们最后的成果也包含了他们这些部门应如何配合公司品牌营销开展工作的相关内容。"

彤老师是做教师的,不开口则已,一开口就像上课。李阳一听就明白了,心里豁然开朗:"这样的话,我等你们会议结束后再通知他们吧。反正他们大多都在公司的。"

图 6-5　动员会成功召开

动员会开得特别成功。原来李阳还担心大家不了解、不配合，随着动员会的结束，这种担心就烟消云散了。

事实上，参与调查后，许多人都发现这是一个难得的表达自己意见的好机会。工作了多年，心里积累了很多的不满与困惑，平常就是想表达也得不到重视或者不便表达。因为老板总是爱听好话的，谁愿意惹老板不开心呢？这次讲给专家听，不管是谁讲的，专家虽然会记录，但专家承诺保密，这样大家说了也不会有不良后果。

大家觉得通过专家这个渠道将多年积累的心里话说出来了，多少也是一次痛快宣泄。因此，上上下下都还是非常积极地配合的。显然通过交流，大家都觉得心情更加舒畅、更有干劲了。

这边许爽、李阳配合专家组在积极地进行内部访谈工作。那边，许爽的弟弟许力似乎还是保持着他的独行侠的风格。尽管他也是同意请"外脑"，但心里还留有自己的想法。他总觉得自己搞饰品十多年了，不管是对产品的了解，还是对行业的熟悉，都不是一般人可比的。外部来的专家虽然理论上懂得多，可那管用吗？自己虽然只是个高中毕业生，但毕竟也已经把饰品这个生意摸得滚瓜烂熟了，好时光在乌市也做得数一数二的了。大学教授懂得的都是理论上的东西，做生意未必如自己。因此许力一直在忙着自己的事，他可不想干坐着等专家组的结论。

图 6-6　许力有自己的想法

"为什么要等呢？他们一个调查就要一两个月，等到他们的东西出来，黄花菜都凉了。"许力觉得首要的是先把店面开出来，东西摆上去，卖卖看再说。尽管许爽一再地阻止弟弟这么干，要求他等专家的策略报告出来后再说，姐弟俩甚至为此事还吵了好几次，但最终许爽还是奈何不了许力。许力依然是背着行囊到上海找铺面去了。

现在市面上的铺面不像前几年那么好找。虽然由于电子商务的冲击，实体店纷纷倒闭，但是许力要找的店铺必须居于城市各区块的黄金地段。现在不少城市都不断扩大，商业中心也分化出多个，但真正热闹的区块就只有几条街，而各行各业都想到这里搞一个专卖店，铺面始终是稀缺资源，价格还不低。这简直是帮房东打工！好在饰品这个行业，如果能够品牌化，应该还是很有赚头的。因此，他这段时间是紧锣密鼓地在上海、杭州找铺面。

不过许力对这次调查还是有些好奇，因为内部调查阶段他不在公司，错过了，因此当他最近老是听到几个老部下茶余饭后唠叨起此事，就增加了他的好奇感：这些专家们到底在干啥呢？我在公司这么重要，他们为什么不再找我？于是他找许爽打听。

图6-7　许力对于专家组的工作既好奇，又失落

许爽是个粗中有细的人，她告诉许力，其实专家组除了刚开始时与自己交流过，了解了自己的战略目标、未来的打算和对现状的基本认识，后来就再没有找过自己，他们觉得不要太多地受老板的思想束缚更好。如果光听我们讲，我们还找他们来干什么呢？

许爽接着说："我觉得彤老师说得很有道理。做品牌战略咨询项目就像中医看病，不能光听你说头疼就医头，而要全面地了解把脉。我们当然希望他们看得更全面些啦。不过你放心，他们说过在访谈最后再安排我们两个最重要的来谈，这样谈的时候，他们可以就访谈中的一些疑惑直接与我们交流，避免问我们一些低级问题，浪费我们的时间。"

许爽又补充了一句："他们想的还是很周到的。"

许力听罢，就不言语了。不过他还是有些担心："中医的水平也有高低之分啊。我只希望我们花了那么多的精力，花了那么多的钱，不要打水漂了。最担心的就是那些顾问教课讲课一套一套的，其实只会纸上谈兵。"

"哦，你不知道彤老师以前在企业里干过七八年，一直做到集团的经营副总。她还当过一个大公司的营销总经理，有丰富的实战经验。当时就得过国家级一个大奖。后来开咨询公司，到现在都做了一百多个行业了呢。"

"什么一百多个行业？！不是企业？"

"对啊，因为竞业限制，她一直不做宣传，就靠口碑的。这次也是红木大王推荐给我的啊。"许爽解释道。

"那她为什么不在企业干下去呢？"许力还是好奇。

"你不觉得这其实是一种很好的职业选择吗？干过企业有实战经验，再到学校当教授，进退自如。对了，彤老师喜欢心性自由。"末了，补了一句："当教练与当运动员可不是一回事，有些人就适合给人做参谋。要不然古代为什么那些权贵要招揽天下名士做门客呢？"

许力默然。他不想再与姐姐理论什么，只希望姐姐的选择没有错，彤老师他们真的能拿出一套切实可行的方案来。

案例思考：

品牌内部诊断调研为什么要涉及非营销部门？品牌诊断对企业的价值是什么？企业要制订品牌战略，如何对自己做一个全面的诊断？

案例解析

好时光委托丹焱管理咨询的项目不仅是品牌项目，还包括营销部分内容。因为营销是支持品牌，让品牌从虚到实最重要的路径。相对品牌而言，公司品牌实现路径上的其他价值创造，如研发、采购、制造、售后服务、人力资源等都是内部化的，企业相对比较容易在品牌战略指导下自己完成策略制订。但营销对多数企业则需要专业指导，所以丹焱的咨询方案中还包括营销。

而战略品牌营销方案制订的第一步就是内外部环境调研。这个调研首先从内部环境研究开始，这是一个知己知彼的过程。许多咨询公司还专门设计一个企业诊断项目，与这个调研有一定相关度。但是诊断的目标不同，内容也不同。

本案为了战略品牌化营销体系的创建，调研的内容就比较广。掌握这些内容，对企业进行自我诊断是有帮助的。

● 将营销等于促销，诊断内容自然狭窄

案例中彤老师专家组到好时光工作所展开的调查项目让李阳及好时光所有的部门经理们吓了一跳。原来以为只是一个战略品牌营销项目，但调查的内容却涉及公司的整个职能系统。

于是大家议论纷纷，甚至有人担心专家组是否别有用心。而从品牌营销战略研究来看，这些调研都是必需的。品牌营销并非只是销售部门或营销推广部门的事，而是企业所有部门的事，因为他们都从不同的角度影响着品牌营销。

一般来说，一个品牌营销战略的规划所涉及的内部环境围绕着企业的资源和能力展开。资源涉及的不仅是企业的财务资源，还有社会资源、政策资源、渠道资源、人力资源，也包括企业从研发、采购、制造、营销、物流、服务、人资、行政等各方面的能力。尤其在营销方面的能力，更要细致到渠道、客户、公关、促销推广等部分。

这些内容根据每个项目的目标、每个行业竞争的品牌的功能价值的关键要素、每个企业的核心竞争力的不同、每个企业营销发展所处的阶段不同等进行差异化设计。这是战略品牌营销研究中必须做到的。因此它是一个复杂的系统工程。

引发好时光企业人对内部调研内容不理解的一个关键原因就是他们以为品牌就是为了营销推广建立的手段，自然不需要涉及非营销部门。

在这种观念的支配下，品牌营销被理解为帮助将生产出来的产品用更加多样的方式推广出去的技术。因此品牌营销相关部门是对企业已经开发出的产品的一个解释部门、传播部门，一个跑腿，只能影响产品进入市场的速度，而不是产

品的定位及配套要素。所以这是"卖产品"与"卖品牌"两个价值观不同引起的冲突。虽然大家都想做品牌，但对品牌的认知没有达到同步，必然在实践中产生误解。

● 没有真正搞懂定位是误解的重要原因之一

营销在中国经历了几十年的发展，基本理念已经普及。因此大部分有一定规模的企业通过引入营销人才，或者老板亲自在各个大学的继续教育学习营销课程，都懂得了营销的一些基本观念，比如营销强调目标市场选择，不能试图将产品卖给所有的人，应该有所舍弃。

因此笔者在课堂上做案例分析时，学员多半会提到首先要清楚自己的产品卖给谁。于是学员会告诉你，其选择的顾客是多大年龄、多少收入，甚至有些还告诉你这个人群的一些个性特征、地理区域特征。

不过大部分人把这个目标市场选择与市场定位混同起来，以为这就是市场定位。而实际上目标市场选择解决的是卖给谁的问题，市场定位则是企业确立的差异化的价值竞争优势，也就是告诉大家为什么在同类中要选择我家的产品，而不是你家的理由。

这是一个常见的误区，希望引起大家的注意。

市场选择与市场定位都属于战略营销，表面上看与战略品牌的定位似乎没有区别，但实际上还是有差异的。这就是市场定位可以定位在任何一点，比如渠道差异化，而品牌定位更多地是考虑用户心智中的那个空白，心理影响特点更浓，但其共同点都是竞争价值优势的创造。

而在市场选择上，品牌的市场选择比营销的市场选择往往更加细分，因为品牌战是营销升级的产物，为了更好地建立识别，需要在顾客选择上建立进一步的细分。所以品牌的社会属性更强，它往往属于某一圈层。

但实际上在现实的规划中，品牌与营销的融合，理论也在融合，因为都是随着市场环境的变化发展出的理论。营销讲客户关系的培育，品牌讲忠诚度，角度不同。所以当代的绿色营销与品牌在战略定位这部分上常常有许多方面难以区分。

> 深度学习

战略品牌规划中企业自我诊断要略

本章案例主要讲述的是好时光项目组的内部调研。

内部调研是手段，目的是通过内部调研对企业影响品牌战略的各个要素进行诊断，同时通过评估企业与品牌营销的差距来寻找问题，搞清楚现状。所以内部调研也叫内部诊断。

内部诊断是企业的自我了解，如果不是请"外脑"介入，许多企业都是自主完成的。

那么，究竟应如何进行内部诊断呢？俗话说："知己知彼，百战不殆"，知己是放在第一位，可见其比知彼还重要，因为它是知彼的出发点。连自己是什么，在什么位置上，要到哪里去都搞不清楚，那么，对手是谁也自然不清晰，知彼的战略就无从谈起。所以古人讲，圣人有三智：自知、知远、知是非，自知是第一位。

知己，对好多企业经营者来说似乎是一件简单明白的事，但实际上随着企业规模的扩大，自知也会变得越来越困难。这里面除了有"当局者迷"的因素外，还涉及其他很多方面的问题。譬如当事人的知识、经验、性格等问题会影响自知的能力，而其中最重要的是利益问题。

许多职场中的人不喜欢与同事交朋友，主要就是不愿意面对情感与利益的冲突。故而知己确实不是件容易的事。因此企业如果完全靠自己进行内部调研，往往结果不太理想。

本篇所要探讨的是在一个战略品牌营销管理咨询项目中，如何"知己"的问题。无论是企业自主进行内部环境的研究，还是请乙方来做，都需要考虑如下几个问题。

▍企业诊断对战略品牌形成的重要意义

大凡能成功的创业者的市场悟性都特别高。他们能较普通人更敏锐地看到市场的机会，并捕捉这些机会。譬如本案中的许爽，她看到的是通过品牌连锁零售专卖打开新的较高端市场的机会。

第一次创业成功的经验告诉创业者们，做是第一位的，不行可以慢慢调整。因此大多数的创业者在未进行深入研究前就非常勇敢地开始投资运作了，创业者们把这次行动看成是第二次创业，充满了创业激情。

与第一次创业不同，此次创业者们有了原始的积累，又有了第一次成功的经验，团队也有了一定的规模，因此大多数踌躇满志，对未来充满了信心。

第一次创业做加法，第二次创业做模式，模式设计需要全面系统地自知研究。但创业者们没有看到，这次创业的性质与第一次大不相同。

第一次是抓住了一个从无到有的市场机会，企业是顺应着市场的发展逐渐壮大起来的。市场给了行业一个逐渐成长的空间：允许企业的产品品质逐步提高，工艺效率逐步改进，品种规格不断增多、管理经验逐渐积累、人员队伍逐渐壮大……这是个做加法的过程。

而二次创业做品牌转型时，市场已充分发展，行业进入成熟期，竞争也十分激烈，大多数企业为了继续保持原来的发展速度，在不能继续从新增的市场中要份额的情况下，转而向同业者的市场要份额。

大的企业在成本压力下为了保证利润，不得已从原有的市场中撤出，选择新的市场定位，从低级市场走向高级市场，以谋求更高的附加值。这种目标市场的升级对该企业来说，已不是在做他多年来一直擅长的数量的加减法，而是一种性质的变化，质的飞跃。本质上是一种战略调整，不仅需要导入品牌，从"卖产品"到"卖品牌"，而且配套的营销模式，也需要系统创新。

这种战略性的变革当然不只是企业因为第一次创业积累了大量的财富而拥有了二次创业的本钱，产品比原来同阵营的竞争者好一些就可以了。面对新的目标市场，企业需要的是整个系统的变革。

长期以来，企业在面向低档市场所培育起来的所有物质的（譬如生产设备、产品品质）和精神的（譬如说文化理念、管理模式）基础都需要做全面的改变。这些系统中的要素涉及采购、生产、销售、物流、服务等所有的直接环节和配套职能，如人力资源、财务、行政等多个方面，甚至企业的经营哲学、文化理念都得做大的变革。

而企业在这些要素方面的发展是不平衡的。这些要素距离新的模式到底有多大的距离，需要做多大的努力？企业在多长时间才能完成这些变革？哪些是关键因素？必须在模式变革前先打好基础？哪些是次要的因素、可以在模式改革中进行？这些都是战略品牌和品牌化的营销模式创新中的"知己"研究中，必须研究清楚的问题。

因此当一个企业要突破现有的模式，建立新的模式，特别是将公司进行品牌化建设时，它对自我的系统评估十分重要。"自知"是"知彼"的基础和出发点，也是企业能否获得持续发展、能否获得二次创业成功的出发点。

开展品牌影响全要素诊断研究

首先，要破除营销只是销售部门的任务的传统观念，把视角放到影响市场业绩的所有相关职能上。

系统论告诉我们，任何事物的发展都是相互联系、相互作用的。一个企业的市场业绩的发展只是结果，其原因是多因素综合交互作用的结果。那么，它们是哪些因素呢？

影响企业市场发展的因素可以涉及企业的研发、采购、制造、营销、物流、售后服务等各个环节，同时也受到企业的人力资源、财务管理、企业文化等支持环节的影响。销售业绩只是多个环节综合作用的结果而已。

每个要素都对品牌产生着深刻的影响。如研发，关系到新产品的品种、数量及与市场接轨度等，它不仅直接影响着销售商的信心，也影响着消费者的信心。海尔在它的宣传中反复强调它每天产生多少个专利，并成立中央研究院，建立多个博士后工作站、成立数字化重点实验室等，目的就是为了增强消费者对它品牌实力的认可度。

笔者顾问的浙江海天气体公司，他们的产品应用研发、工艺研发走在了行业前列，在相等销售收入的情况下，通过自主研发降低的成本所带来的超额利润，几乎是同行的一倍。

研发如此，其他因素也是如此。我们显然没必要一一陈述它们对品牌营销结果发生影响的证据，因为这是大家都明白的，几乎是公理。

在这里要告诉大家的是研究方法——因为我们不是为了某一个具体的职能部门，而是为了品牌营销战略创新所进行的相关因素的研究，这不同于这些部门内部所进行的纯粹的要素研究。比方说，生产厂长所研究的生产问题与我们研究的生产问题的角度是不同的。

不要忽视研发体系的技术导向对品牌营销的影响

为什么要研究企业的研发？因为研发是生产的前导，研发方向是否响应市场需求，符合品牌定位，是企业品牌制胜的第一步。

譬如我们在做一个水钻材料行业的咨询项目时发现，企业的老板与研发的管理者认为自己的产品中不含铅是个卖点，因此在交流中反复地强调"不含铅"这个优点。这种认识的形成是因为老板来自欧洲，长期接触欧洲的文化，并且这个工厂的设备原料也是直接从欧洲引进。欧洲人的观念认为"不含铅"的水钻更环保，所以引进的欧洲的原料含铅量很低，工厂也以降低含铅量为自己奋斗的目标。

但在中国当时的大众流行饰品市场，消费者的观念恰恰是认为越闪亮的饰品越漂亮。含铅量低直接影响饰品的闪光度，因此经销商们对此卖点不以为然，甚至认为此工厂的产品含铅量太低，是否是为了降低成本。因为市面上的高含铅量的原料反而价格贵。这就说明生产企业与市场需求对产品的价值评价准则是不一致的。这自然是影响企业市场发展的一个重要因素。

上述事例在项目咨询过程中经常发生。它说明在中国的许多企业中，生产标准的设立不是以用户为导向进行的，而是技术导向的、产品导向的。

关注生产部门的内部视角对品牌的影响

在对生产部门的诊断中常常会发现，大家的自我评估总是比较高。这种情况特别多地存在于一些高速发展的行业里。由于市场的发展速度很快，要求行业中所有的企业都必须保持快节奏，因此工厂的生产无论是规模，还是产品品质的改进的速度都非常快。

经常地，前一批次的产品还存在着这样那样的问题，但后一个批次就没有这些问题了。大家都能清楚地看到这些进步，于是肯定的评价是主导的。同时也正是因为这些，生产部门的人并不愿意去了解市场的日新月异的变化，自我的评价就更高。

事实上，这是与自己的纵向比较所产生的认识，如果我们深入到用户、深入到其他同业者，就可以发现，横向比较我们未必在领先的位置，有比我们进步更快的。他们在对市场的反应、产品的策略调整方面的能力更强，而市场竞争就是比这些，即横向地比改进速度。由于我们缺乏对对手研发情况的了解，所以这样的比较很难进行，判断就容易发生偏差。

即使是对现有的产品品质的评价，生产部门的反应与市场的反应往往差异也很大。就工厂而言，许多企业的产品品质保证率在97%以上，已非常不错。但现实中，用户对产品品质的反馈往往与生产部门自我的评估有比较大的距离。

为什么会出现这种现象呢？因为在消费者的心目中，正品是应该的，次品是不应该的。次品带来的是经销商或消费者的经济损失，是不允许的。一旦消费者买到次品，那么他的心理感受效应会被成倍放大，这就是通常说的"坏事传千里"的晕轮效应。虽然，这些问题实际上可能已经被销售部门反馈过，但生产部门往往会被自我快速度发展的成绩所迷惑，不能客观地看待这些问题，甚至常常以销售部门找借口为由推卸自己的责任，并淡化它。而高速成长期的企业主大多在忙着发展中更"大"的事，诸如资金、高级人才的挖掘等问题，很难做好判官。

另一方面，目前企业的部门机构都还是按照职能化的结构来设置的，这种部门设置模式从根子上讲会带来本位主义的弊病，造成生产与销售之间的矛盾，因此便需要一个客观中立的判官。这个工作企业本来可以交给市场部去运作，但由于现今人才市场上缺乏高素质的市场分析专业人才，大多数企业即使设置了市场部，因为上任者的能力水平还只能停留在做信息的收集和反馈工作，不能达到策略层面的意见反馈，所以让市场部去充当判官的角色反而会加剧企业对市场敏感度的降低，延迟企业对市场的反应速度。如此，专业的咨询公司在进行内部调研时，就更不能简单地听取企业营销系统的反馈，而应对所有与营销接口的部门做相关研究，如此才能搞清楚问题的全貌。

注意品牌营销与产品营销不同视角下的问题所在

要查找企业问题，目标是以公司品牌创建为目标的品牌营销，而不是传统的产品营销，那么必然是以品牌营销的观察视角去研究企业当下的现状，才能发现问题。许多在产品营销下不是问题，但在品牌营销下就是问题。

如此我们需要明确品牌营销与产品营销的差异。

在这方面，企业人的误区是很大的。

好多企业人通过学习，也了解到营销组合策略四P的概念，知道产品、价格、渠道和促销是实现营销战略的四个手段。甚至好多对于7C、12C也都能讲出个一二。

但是，从现实咨询的情况看，营销的理论与营销的实践相差遥远。营销中最基本的原则就是贯彻市场导向。强调以市场为导向建立整个企业经营管理的价值链整合。

现实中基本上还是生产者自我导向，闭门造车，模仿开发。现实中大多企业的营销部门本质上是企业的促销部门，他们的任务就是将已经生产出来的产品卖出去。

那些具有所谓的营销功能的，与技术导向型、生产型的公司的差异是是否加入了一些传播手段。在组织形态上，注重营销的企业有了企划部（有些企业称为品牌部），其工作就是为产品宣传做个手册，为产品的包装做个设计，为产品的上市做一个推广活动或者各种节庆时做促销活动。这种功能设计本质上还是产品营销，即以推广产品为目标的营销活动。

由于以卖产品为导向设计营销手段，许多企业就会出现产品营销推广部门所推广的产品卖点与实际上产品所拥有的特点大相径庭的情况。而产品营销所有的目标都是为了更多地销售产品，为了提高市场份额、提高销量，这一点似乎已成为没有任何问题的社会习惯的看法。

但是这种产品营销模式正在成为过去。

品牌营销是什么？品牌营销的目标是为了提高品牌附加值，为了创造品牌在目标用户心目中的地位，增强客户关系。它是通过增强用户的情感体验来达成的。不能渗入用户心灵的都算不上真正的品牌，你必须在用户的心目中、情感中建立地位才是一个真正的品牌要追求的。

因此在品牌营销这里，营销是实现品牌的手段。品牌是虚的，它只是一个特殊的符号系统，没有营销中的产品去表达、渠道去实现、公关广告等活动去展现推动，品牌仍然只是一个符号。因此品牌是营销的灵魂，是企业整体经营活动的灵魂。它是指导企业经营的法则。

在好时光，传统的模式只需要将生产出来的产品卖出去。这是一种产品营销中的交易营销模式。虽然也有自己的目标市场，虽然也有自己的营销推广部门，但本质上还是以完成交易为目标，而不是扩大品牌影响力，提高品牌价值、品牌资产为目标。所以它的批发渠道主要是完成最大限度的市场覆盖。

而当好时光决定转型做品牌时，它不能再靠量，而需要提高质，于是好时光整个企业机器都必须调动起来服从于创建整个品牌目标。

除了产品营销以性价比为目标、最大限度地提高市场份额、品牌营销注重系统化地实现品牌的核心价值以外，它们还有一些关键性的差别。比如在价格策略上，传统的产品营销奉行"薄利多销"，而品牌营销强调的是价格稳定。一个公司的产品不允许在同类别、同档次流通场所的商品价格上有显著的差异。比如我们在一个市场里购买矿泉水，如果它们之间的价格存在差异，就意味着这个渠道的价格不稳定，也就意味着价格战的开始。

做品牌不允许对一个终端顾客按照当次购买量的大小给予很大的价格折扣，必须按照渠道成员的地位与功能设计进行定价。即使是一个工业品品牌，也不能因为原材料价格的些许增长而随意改变产品价格定位。每日一行情更是传统意义上的促销手段，而在行业中作为领导品牌的价格地位的稳定，是品牌形象必须考虑并去把握的。

从传播上看，传统产品营销靠的是创意，而品牌营销靠的是价值输导管理。因为品牌营销是一个系统工程，它十分强调发出一致的声音。因此纵向看，一旦品牌的核心价值确定下来，企业要一致坚持贯彻；从横向看，要对每一个品牌与客户与公众的接触点，进行一致性的管理，才能累加形成、强化品牌的识别冲击，在目标顾客群体的心智中留下记忆，形成联想，并最终创造品牌资产。因此品牌营销十分注重管理，十分强调系统的力量。

案例中的好时光，原来做的是大批发渠道和外贸订单，这只是一个简单的做生意模式，因此企业人员的观念都是建立在生产导向基础上的。今天他们要建立自己的品牌，转变成一个品牌运营商，这就需要引入品牌营销的观念。因此，决定好时光的这步品牌棋能否成功的第一步不是专家组的策略开发的水平，而是对好时光所有骨干人员的观念改造问题。如果观念转变不成功，后面的工作再漂亮也将是一纸空文，是不会得到有效贯彻的。因此一些有多年咨询合作经验、心态比较成熟的企业家往往就把咨询看作是推动企业发展的动力、提高自己队伍素养的过程，这是值得学习的。

关注行业差异对品牌战略的影响

在对企业进行"知己"研究时，还必须注意到一个问题。不同行业的品牌、功能价值关键要素是不同的，而对这个品牌价值、功能价值关键要素的相关部门进行深入的调研是战略品牌营销研究中的一个重点。如果说上面谈的是知己研究中的全局性问题，那么这里所交流的则是"知己"研究中的重点问题。既要有"面"，也要有"点"，要学会抓主要矛盾！

通过多年来对大量的不同行业的战略品牌营销咨询研究，我们发现在涉及不同行业时，必须充分研究其品牌价值、功能价值关键要素。如果说对其他部门的研究允许比较宽泛的话，对这些部门的研究就必须深入细致，更专业化。下面通过案例来进一步说明。

例一：时尚形象消费品的内部诊断视角

在服装、皮鞋、饰品等与人们的表面形象塑造相关联的行业，随着生活水平的提高，人们从简单地追求产品的实用功能升级到追求产品的形象价值。产品的时尚度日益提高，个性化需求日益提高。在此类行业里，款式的开发成为行业竞争的关键。在这些行业里，导入期是比拼产品的品质（工艺），成长期比拼的则是产品的设计开发能力。这一时期，款式设计开发的速度与质量是此类行业成功的关键因素。

譬如好时光公司的三大成功法宝之一就是有一支十分强大的设计师队伍。尽管这支队伍目前还是停留在模仿型设计阶段，也没有品牌的独特风格，完全以"快"和"多"取胜。但在这个特定的行业成长阶段，这就是制胜的关键。与此相关联，这个部门对市场的影响力最大。

在这个行业里，销售只是最后一个环节，品牌、高空宣传在这个行业里相对都是第二位的。因为即使是一个国际大牌，如果单品款式设计不尽人意，人们还是不会购买。因此在这些行业，理性的、有战略视角的企业不会花大投入去做一些高空型的品牌拉动，资金更多的是匹配给产品款式开发能力的培养和提高，在宣传上则主要投在店铺的形象、产品的陈列、节庆的营业性推广等方面。

由于时尚度总是与时间相关联的。缩短市场需求与产品供给在时间上的差距成为行业制胜的关键。所以，西班牙的ZALA通过各种手段把自己产品的上市时间缩短到12天，而同行们通常需要3个月，甚至更长。在产品上市后如何快速通过渠道到达终端，并被消费者所购买是个关键问题。一旦滞销，企业必须通过快速高效地在内部各区域间进行调剂或用其他方法以增加产品的流动。减少产品的滞压也是行业成功的关键要素之一。为此，许多厂家为了提高从款式设计到产品上市的速度，不惜投入巨资打造以电子商务为核心的供应链，提高设计—生产加工—销售各个环节上的速度。

在研究此类行业的内部环境时，必须结合这个行业的特性，并将品牌放在此背景下进行研究，这样才能真正找出这个企业的问题来。所以观察者本人对行业、对品牌的专业认知、独到的判断，是查找企业内部问题的一个关键。

例二：快速食品消费品的内部诊断视角

相比时尚产业，像饮料、方便面等产品则属于快速食品消费品。它们属于薄利多销的行业，人们购买此类产品的第一要素是口味、安全。在企业已具备一个好口味的、安全的产品后，获得市场的核心要素在于能投得起广告，在电视屏幕上能反复出现，而在地面上又能随处可见，这需要大量的渠道投入。因此这是一个规模经济的行业。品牌的实力、分销的规模成为这一行业制胜的关键。

这种行业关心的不是产品开发的速度和数量，而是产品品质的控制能力以及产品大批量上市后的品质的稳定能力，更重要的是对单品的品牌化营销能力。像汤臣倍健的蛋白粉、合生元的益生菌，都是单品市占率达到60%以上，与其对行业品牌营销的深刻认知有关。

因此如果企业不能有这个观察视角，或者管理者本身并没有读懂行业，那么在做这个企业内部诊断时，显然也无法看到这个问题，陷入认知盲区。

洞察同行业不同市场的品牌差异

还要注意的是，即使是同一个行业，由于面对不同的市场，品牌功能价值关键要素也是不同的。譬如同样是服装行业，青少年服装与成人服装就不一样，决定这两类企业的品牌能否获得成功的关键要素也有显著差异。

研究中笔者发现，即使是同一个行业，目标市场不同的企业相互之间的差异性也很大。除了拥有行业共同的特性外，不同的目标市场会影响着企业在关键环节的模式构建。

譬如定位在青少年休闲服装市场的企业，如美特斯·邦威、森马，与定位在成人女性女装的ZARA、哥弟，其款式开发的能力结构是不同的。前者因为青少年的从众性和对偶像明星的崇拜、模仿，所以款式上并不像成人女装一样求多，个性化的程度也低于成人女装。除此之外，在产品的销售上它还需要一定程度的高空拉动来促销，因而具有了快速消费品的一些营销特征，因此青少年服装行业可以称为是服装行业的快消品。

此类行业中的企业在经营运作中必须充分关注快速、低廉的特性。在产品的设计上，不是像成人女装一样追求款式的数量、款式之间差异化的深度、材质上的品质，而是像经营快餐店一样地经营自己的服装款式。

这几种服装款式最好是有明星代言，因为年轻人喜欢模仿。在产品价格的设计上不能太贵，要注意单件购买的价位符合青少年的心理。这一点就像我们吃顿快餐大概每人消费在20～30元之间，而不论具体的某一品种的价位有多么合适或者不合适，它是一种消费的整体性感觉。

店铺的装修和形象设计上要让青少年觉得是他们这一群体的，即比较夸张、另类、结构紧凑，而不是像精品商厦一样有宽敞的大堂和富裕的空间。它所表现的主题应该是热闹，而不是豪华气派或者精致……

如果不理解上述这些，而把经营成人服装的经验搬到青少年服装上来，将必然导致成本的增加、价位的上扬、促销氛围的贵族化，最后失去原有的定位、失去市场。

因此，任何一个行业，由于目标市场的选择不同，决定了它的品牌功能价值关键要素不同。企业越能理解这一点，成功就越能持久。相反地，如果只是靠运气获得了市场，对市场的本质理解不清晰而简单地抄袭模仿同行，特别是不同目标市场的领军者们，那么这个企业很难真正地成长。

不定期内部诊断可增加企业的活力

内部诊断调研是对企业内部环境的信息收集、分析和处理，与一般简单的内部调查不同，以建立战略品牌营销为目标的内部调研诊断包括两部分内容。一是内部信息的收集；二是信息的处理加工。这个工作如果内部人自己做与请第三方专家做，效果会很不一样。

从信息的收集看，内部环境的调查首先是信息的收集过程。战略创新研究中的内部信息收集要求全面、深入。内部调研的信息来源于企业自身，因此要求参与调查的内部人员必须真实地反映情况，这是专家寻找问题、发现问题的基础。如果大家都说假话、套话，那么这个咨询结果就可想而知了。如果这部分工作由企业自己内部人来做，出于利益和关系的顾虑，被访谈者就不容易倾吐实情，从而误导访谈者。

近期与一董事长交流合作后如何开展工作，前期第一阶段如何做内部调研的事。董事长反复强调他对企业十分了解，只调研他就可以了。据说上一个咨询师就是因为他的固执，而放弃了对其他部门人员的调研，只向他了解。这是非常不科学的。董事长再了解企业行业，毕竟是他一个人的视角，你在他的视角上进行分析获得结论，必然是不够客观全面的。这种情况怎么办？我的建议就是放弃合作。因为咨询师变成了企业的奴仆，你的建议还有多少价值。坚持第三方专业客观地研究，坚持自己的专业精神，是内部调研中十分重要的立场。

用第三方调研诊断不仅可以避免出现这个问题，而且从案例中还可以看到，咨询访谈的过程也是一个企业进行内部信息交流的过程。

通过访谈，好的咨询师会博得员工的信赖。员工会找他倾诉藏在自己心底里的话，而这些话在平时出于自身利益的考虑往往不会表达出来。但长期埋在心里，对员工的工作积极性必定大有影响。

由于我国的中小企业大多不熟悉管理的艺术，沟通技巧也不太讲究，家长制作风比较浓，再加上中国的政治风气向来"枪打出头鸟"，以及"事不关己，高高挂起"，这些传统观念加剧了企业老板与员工沟通的障碍。这种劳资的沟通方式在经历较长时间的冲突发展后，往往会沉淀下来，形成公司一种文化。有些矛盾很深，且不易化解。

因此在许多已完成创业、进入发展阶段的企业，老板高高在上，并不很了解员工到底在想什么，公司到底存在着怎样的问题。往往一些投机的员工很得老板宠爱，而敢于直言的员工在这种文化氛围下也渐渐变得不再愿意去表达。因此在这一阶段，企业特别需要定期请咨询公司将员工埋在心里的宿怨清理出来，排解掉。这是一个积极的，有助于企业健康运行的策略。

因此，内部调研诊断由第三方来做，不仅比企业自己做可以获得更多的真实信息，而且也是一个第三方帮助企业建立沟通管道，化解员工的宿怨，清理员工心理垃圾的过程。如果老板们重视咨询的这个辅助作用，往往能起到更积极的作用。

此外，内部调研诊断还有一个更重要的功能，即它不仅能获得调查信息，还能对信息进行处理加工、研究分析。而第三方专家进行这种分析，质量更高，更为专业。

战略研究更注重的是分析能力，这是一种"去粗取精、去伪存真、由此及彼、由表及里"的功夫，对研究者的分析能力是一个重大的挑战，需要更深的专业底蕴。

而由内部人来做，由于企业是个赢利体，企业的文化氛围是谋利为先（当然这个利必须符合义），因此过多的功利性事务往往会制约着研究者的视野。特别是研究者本人如果不是老板，大多会被老板的指令所引导。即使是老板本人，也会被自己的主观性所左右，考虑问题容易失于偏颇，失去战略研究所必须具有的客观性。综合来看，这种类型的内部调研诊断一定是外部专家做，利大于弊。

CHAPTER7

第七章
外部洞察

好时光的内部调研诊断和外部调研终于圆满结束，用千辛万苦来形容这一个月以来的调研工作一点也不为过。

尽管彤老师是咨询行业里小有名气的专家，但到了调研阶段，则是十分的接地气。

如果调查对象是实体渠道的各种店铺，彤老师就把自己打扮成一个邻家大姐，以便于与访谈对象更能沟通。

图 7-1 彤老师进行实地调研

大部分访谈对象都是李阳配合安排好的。但是常常地，彤老师也会突然跑到一些店里做陌生拜访。李阳则是与彤老师一起跑市场。

彤老师告诉李阳：一般来说面对一个陌生人的突然询问，大多数人都会进行本能地抵触，因此访谈首先要从去除对方的戒备开始。当他（她）对你没有戒备了，才会愿意与你深度交流。

要做好这个工作，访谈者的形象是一个非常重要的因素：既不能过于高贵，以使对方产生敬而远之的感觉；也不能过于俗气，以免对方看不起你而不愿意与你交流。

在访谈过程中，访谈人所显示的身份与访谈目的要随着访谈对象的不同而灵活变化。如果访谈的对象是竞争产品的一个渠道成员，那么谈话的策略性就显得更加重要。而如果访谈的对象是本公司的一个经销商或其他人员，那我们专家组就要转变成公司的钦差大臣，将访谈与公司的公关一起进行。

李阳听了后，琢磨着彤老师的话觉得很有道理。确实在访谈中碰到许多经销商发了一通牢骚，要不是彤老师引导得好，一般自己还听不到呢。另外，客户能发牢骚，还是希望继续与好时光合作的，让专家组疏导一下，有助于后续合作的稳定。

不过大多数情况下，直接的渠道成员，彤老师不让李阳陪同，理由是背靠背交流能了解得更深入些。

彤老师是个女性，形象稳重又亲和，这对调查工作的开展特别有利。整个项目调研下来，李阳觉得自己也学到了不少东西，同时也发现了很多问题。

李阳很佩服彤老师的个人能力，只要她去访谈，连一个陌生的导购都会暂时放下工作，回答她的问题。由于是现场访谈，地方狭窄，根本没有场地可以坐，所以两个人常常都是站着的，这一站通常就是近一个小时，连李阳都站得腰酸背痛。

李阳特别佩服的是彤老师总能跟他们聊起来。他自己也尝试了一下，可是人家几句话就把他给打发了，而且眼睛里还满是那种神情："你到底打的什么主意？"

调查对象涉及多种不同的渠道类型，包括商场、批零市场、精品商场、大卖场、商业街、女人街等，也就是说对凡是饰品出现的场所和每条渠道不同层级的成员（譬如一级经销商、中间商与终端商）都必须进行抽样调查，工作量可想而知。

同时调查中也包含了所有与饰品相关的行业协会、各种新媒体的意见领袖以及政府机构的调研。但这部分线下的调研仍然只是整个营销调研的一部分。

图 7-2　市场实地调研

在专家组紧锣密鼓地进行外部调查的同时,彤老师还另派了一批人马在她自己的公司里做二手资料的收集整理工作。这些资料来源于统计局、行业协会、行业媒体、各种新老媒体等。由于现在是互联网时代,信息爆炸,信息来源往往比一手的还管用,不过要查找到这些信息,工作量也是十分巨大。

彤老师解释说,通过这些资料的收集整理,可以帮助我们对需求的性质、需求的范围、行业与竞争、产品的生命周期、宏观环境、分销渠道等做进一步地分析。

图 7-3　专家组对外部资料和内部资料进行收集与整理

了解到这些情况后,李阳确实是打心眼里佩服专家组的工作作风。尽管还没有听到成果报告,但工作组踏实负责的态度已经让人信服。这不是简单地完成任务,这是在用心血在做事啊!

这边专家组还在进行外部调查和二手资料的收集整理分析工作,那边许力的好时光饰品专卖店都已经进入了招商阶段。特别让许力兴奋的是:在与加盟商的谈判中他一直处于上风。许力毕竟是久经沙场的高手,一般的小老板岂是他的对手?

这次踊跃投入好时光怀抱的是一个原来经营小杂货(包括一些饰品小生意)的老板。他的资本虽然不大,但开一个40平方米的店铺应该没问题。

图 7-4 许力欲擒故纵

许力欲擒故纵,心里虽然乐开了花,但面上却是紧得很。一开头就不动声色地给了小老板一个下马威:让这个老板求见多次却不得。心理战打得差不多了,后面的谈判不费什么力气,许力就获得了许多有利于自己的条件。

老板第一次的进货量就很大,而且在退换货条件方面对许力方都很有利。店铺的装修费用完全由客户承担,许力的全部工作就是将货品按时地发给对方,让对方打自己的牌子,当然许力也没有收他的加盟费。

许力想的是,要求不能太高,毕竟好时光目前还是主要做流通渠道的产品。

图 7-5　合约如愿签下

合约如愿签下，客户的款项也打过来了。这天晚上许力回到家，正好赶上许爽宴请专家，许力借机大谈特谈了河南加盟商的情况，引起了同座宾客们的纷纷追捧，在酒力的作用下他更加飘飘然起来了。而一边的彤老师和专家们则是漠然不吱声，他们感觉到困难是越来越大了。

案例思考：
外部调研的方法与传统的市场调研方法差异在哪里？
战略品牌规划中的外部研究如何开展？

案例解析

◉ 外部调研方法

从案例来看，丹焱咨询在对好时光外部调研时，重心放在渠道专家调研上。彤老师走遍市场，主要是访谈各种类型的流行饰品相关联的专家。

这与我们传统的调研发放调查问卷好像差异很大，这种方式会有效果吗？

因为在现实中，许多企业人一想到外部调研，就是市场调查，市场调查就是发放消费者调查问卷……

然而，在现今中国这样的市场环境、文化背景下，战略研究对企业来说是一个转型、一个质变，因此通过专家进行深度调查来获得对用户的准确认知，这个调研的性质不是定量调研，而是一个探索性调研。

而通过消费者问卷调查我们无法获得对未知趋势的探知，问卷调查属于定量调研，前提是先得定性。为什么大家对消费者问卷调查印象那么深刻，关键就是过去几十年里，我们行业处于成长期，战略模式比拼的是性价比，且模式比较稳定，所以调研主要是量化地把握，所以消费者问卷就成为经常采用的形式。

如今进入互联网时代了，这是大数据时代，好多企业转而十分崇尚数据分析。但若仔细思考，您就会发现大数据提供的主要是与产品相关的数据，适合做新产品开发方向的研究。而战略是对事物本质的思考，单靠数据是不够的。当然案例中，彤老师派出一支队伍去做二手资料的研究，其中包含了大数据导出的数据分析报告。但这些报告都是我们做战略判断的依据材料，不能拿这个报告当成战略成果。

总之，目前好时光是需要进行战略变革，过去模式下的定量测量就没有意义。我们需要做的是基于未来的深度思考，因此此类战略研究项目，要定性调研为主，最适合的这种专家调研法专业上叫作"德尔菲"专家调研法。

丹焱公司做"德尔菲"专家调查法比较纯粹：首先派出的调查人员必须是专家，至少具备专业知识，因为同样的一个回答对不同的人来说结论可能就不一样。

其次，访谈的对象也是专家。什么是专家？专家就是专门家，只要对某件事特别精通，就是这项工作的专家。而不一定要有多高的学历和职称。因此，导购员、零售商、批发商、用户、行业协会理事长、专业媒介记者编辑……就是他们这一行业在这个问题点上的专家。在学界，他们被称为营销中介人。通过与他们的深度交流，可以获得用户提供不了的多维度的信息。

当然，除了对品牌相关外部人员进行访谈外，还得了解其他的品牌，这就需要一些技巧。一个优质的外部访谈调查提纲应该是非常全面的，它所涉及的问题应该几乎囊括对象的整个经营模式。

对访谈者的访谈也可以按照经营这个价值链展开。虽然他（她）回答得不够客观或不够深入，有时候甚至告诉你这个问题他不知道，但也可以从中窥见品牌运作的一个面貌。一些资深的专家就善于综合这些答案分析出一个脉络来。

专家深度访谈调查是了解竞争品牌动向的一个非常有用的方法。除了它具有成本低这个很重要的优点外，还避免了传统的消费者问卷调查的缺陷。一方面充分利用了专家尤其是渠道专家的经验；另一方面又避免了与好面子的消费者的正面冲突，从访谈者身上得出的购买过程信息是相对真实的。而专家的经验和理性思维又在其中发挥了重要的作用，访谈专家可以通过与调查对象面对面的接触，进行"去伪存真、去粗取精"的工作。当然全面的专家一对一访谈调查远比消费者问卷调查辛苦。但直到今天，专家访谈法还是中国最有效的战略研究外部调研的方法之一。

● 外部对标研究的品牌立场

案例中许力用他习惯的交易营销的方法开发好时光新品牌连锁店的加盟商，用尽了计谋，努力从当下的谈判中获得更多的利益，这是与加盟商的一种拉锯战，你少赚一点我就多赚一点，关系是对抗的，虽然表面上和和气气，称兄道弟。这种处理加盟商关系的方式违背了品牌商的原则。这样一种心态为他以后店铺的经营埋下了祸根。

一个企业要创建品牌，在对待合作商的立场上要做深刻的改变。一个品牌商对加盟商正确的态度是帮助加盟商，让他们和自己共同发展。具体来说，以加盟形式发展网络、开拓市场，品牌商与加盟商关系的本质已发生变化，从简单的生意关系变成了深度的共赢合作关系。

许力的观念中存在着过多地考虑双方对立的性质。即所谓的"商场如战场""无奸不商"。在这种传统生意观念的指导下搞加盟商的运作，必然会导致后面对加盟商的培养与发展的不足，为以后营销网络的发展埋下不良的种子。

当以品牌的视角去审视与渠道、与供应商，以及其他品牌相关利益者的关系时，研究的视角尤其是在对标的目标上会发生很大的变化。品牌的视角下，那些狡猾奸诈的商业行为被唾弃，不值得追仿；而那些有气度的、有格局的战略和策略会成为标杆榜样。

外部调研主要是市场、中介，行业与竞争、供应商调研及宏观环境调研。几乎所有企业都十分重视这个调研。特别是以战略品牌为目标的竞争调研更是难中之难。确实它相比获得直接对手的情报更有难度。后者也许通过一个商业间谍就可以操作了，但战略性的竞争调研采用这种方法未必管用。

因此下面的深度学习篇里就围绕着战略品牌的竞争调研、目前在国内企业界普遍存在的问题和根据我们的经验拟采用的方法进行阐述，兴许对读者会有所启发。

深度学习

战略品牌规划中外部调研的方法

知己知彼，百战不殆！这是千古名训。所有的经营者都熟知此信条。但诚如对前章所述的知己一样，大多数经营者未必能真正地了解这一问题。

知彼看似是一件容易掌握之事，实则也是一个很有内涵的课题。因此探讨如何知彼，对正在谋求战略转型的企业人都应有很大的帮助。

首先，战术上的知彼与战略上的知彼所运用的研究方法大不相同。本书将更多地从战略方面进行探讨，以纠正企业在此方面的常识性错误，引导建立正确的外部调研方法。

成长期研究竞争为主，成熟期研究市场为主

竞争与市场谁更大？本来，竞争与市场是"供与求"、手心与手背的关系，既互相排斥又互相依存。但在不同的条件下各自的作用地位也会有所不同，有时"求"对企业更主要，有时"供"的研究更重要。

笔者在长期的咨询和培训中发现，在大多数的企业经营中，伴随着一个新项

目的上市，企业关心得比较多的是市场的需求形态，重视对市场的研究，但在产品进入成长或成熟期阶段后，企业则开始过于关注竞争者的动态，忽视市场的动态变化。

即使在对竞争者的把握上，也是过多地关注其产品品种规格的变化、价格的变化以及对经销商政策的变化等细节，如此思维方式日积月累后导致企业经营者的眼界变得越来越窄，以至于缺乏基本的战略眼光。

所以，我们在战略品牌研究中，要求经营者把习惯纠正过来，把紧紧盯着对手小手段的眼睛转到对市场、对用户的关注上来。特别是今天已经到了市场需求升级阶段，消费者从简单的生理需求、安全需求，提升到自我价值实现、获得尊重、社交的需求。因此企业的产品开发要随之进行深刻地改变。

今天，许多企业所以被淘汰的根本点就在于其产品不适合市场了。而产品创新的前提是产品开发模式、开发思路的创新。改变产品开发的观察视角及研究方法，建立起以市场为导向的外部调研方法，就必须动态地追踪市场需求的性质和市场容量的变化。

实际上就是要坚持去搞明白自己的购买者是谁，为什么购买，怎样购买，买多少，在哪里买，花多少钱买的问题。这些问题看似很简单，但是由于市场是动态的，要想真正把这些问题弄清楚也不是件容易的事（参见深度学习部分）。

按照用户价值分阵营研究

知彼自然要清楚"彼"是谁。要按照质量、价格这两个维度对竞争者做一个最基础的竞争阵营分类。这是最基本的阵营分析法。然后再研究每一个阵营的主要竞争品牌，研究他们的战略策略、资源与能力，未来的走向等。

品牌战略本质上就是竞争战略，如果这个行业发展已经很成熟，那么单单的质量、价格定位竞争阵营分析法还是不够的，一个分析方法是可以根据品牌1.0到5.0的发展模式进行细分，即依据用户在乎的价值，包括品质价值、功能价值、象征价值、情感价值、圈层价值等分别展开纵深的研究。分清楚他们在品牌发展所处的阶段，以及能力资源特征、战略策略特征与未来的走向。

这个方法看似简单，实际操作起来却有一定难度。咨询中，我们常常发现有的企业因对"彼"认识不清楚而导致严重损失。

下面的企业案例，供大家思考。

笔者曾顾问一家灯具制造企业，该企业一直是飞利浦照明产品（节能灯）的代加工企业，已有数十年的历史，其产品的生产能力、加工品质在同行中都享有很高的声誉。但长期以来生产导向体系占据着企业的主导地位，当企业决定用自己的品牌开拓国内市场时，营销观念落后、营销手段贫乏的弊端就开始暴露。

期间一个典型的问题是：企业把与飞利浦同等质量水平的各种照明产品拿到市场上以低于飞利浦40%的价格出售，仍无人问津，企业遭遇消费者不认牌的瓶颈。最恼人的是，根本没有人拿这个厂家的产品与飞利浦的产品相提并论，销售人员市场上反馈回来的信息总是经销商们的抱怨："你这牌子，还没有××（杂牌）好销。人家东西的样子跟你的也差不了多少，价格却比你的低四成。"而且战争好像也根本没有在企业所期望中的与飞利浦的较量中展开，自己的产品倒是被这些杂牌货逼得无路可走了，企业百思不得其解。

万般苦恼中，企业从人才市场上高薪聘请的新营销总监做出了一个惊人的决策并得到了老板的批准：降价40%与杂牌作战，将杂牌横扫出门。这个想法的逻辑很简单："我的实力比你们这些杂牌企业大得多，我的产品品质比你们强得多，却以相同的价格出售，你们不死才怪呢？！"一时间，硝烟四起，杂牌被重重地打击得似乎一下子"咽气"了。企业趁机快速抢占了这个市场的一些份额。

可好景不长，企业很快发现问题来了。降价40%，企业是处于微利状态。这种定价模式并没有给品牌创建、营销渠道建设，留出足够的价格空间（在企业体现为成本）。而消费者对品牌的第一印象是质量与价格。由于节能灯，消费者无法对质量做出直观的判断，此时就会依据价格来判断该新品牌的竞争位置。该企业降价40%，就使产品的竞争位次直接跌落到杂牌阵营。这对以后的价格提升会产生重大影响。

于是企业只有两条路可走：要么为了巩固通过降价获得的市场份额而继续维持此低价；要么加大宣传的投入，拉动品牌后再逐渐涨价。但这个过程有多长，企业心里没底，要知道在这期间企业将要一直亏损。由于其在采取低价策略时，根本没有考虑渠道和市场推广的费用，所以所有为做品牌、网络所需要的投入全部是额外追加。而把这些追加的投入用来做这个无形的品牌宣传，如何确保真的有效？再者这是家上市公司，他们还要考虑股民是否能够承受企业一直处于亏损状况。

在这个案例中，决策者在战略上犯了一个严重的错误，就是不清楚自己的竞争者究竟是谁。而之所以不能清晰自己的竞争者，是因为不清晰自己的战略规划，不清楚自己的竞争定位，导致现实中容易发生决策失误。

因为品牌竞争是讲阵营的。在上述案例中，这个行业至少可以分成三大品牌竞争阵营。第一个阵营是以飞利浦为代表的外资国际大牌。它们的产品品质最优，价格定位也最高，针对的是收入相对比较丰厚，追求产品品质的消费者。第二个阵营是国内正规大厂家的品牌，其价格比国际大牌要低，但产品品质的差别可能不大。只是因为品牌力不够，所以只能处于第二阵营。第三阵营是国内不知名、没有实力的小企业，它们的产品品质不良，价格自然也最便宜。

这三个阵营分别面对不同的市场。从以上的划分可以看出该厂家的竞争位置是在第二阵营：产品品质不错，但由于缺乏品牌力，所以入市之初，自然不被市场认同。在此期间该厂家应该在市场上进行品牌宣传，强化分销网络建设，使自己能在第二阵营站稳脚跟，而不应跑到第三阵营去拼价格。第三阵营存身立命的根本是价格便宜，它们针对的目标群体对价格十分敏感。

第二阵营强调的卖点是性价比最优。企业如果要在第三阵营长期发展，就必须用最低的价格获得市场。但与这家企业的资源特征完全不符合。它们的企业规模庞大，管理成本较高，机制又不是很灵活，这些决定了它们无法在价格上长期与小厂拼，而只能在第二阵营里谋求一个合适的位置。

因此，战略研究中必须关注竞争的全局，更要关注不同维度下的竞争阵营，这样方能在实施中不迷失方向。

战略研究重在提炼其道，而不是促销术

如前所述，企业虽然也重视对竞争者的研究，但由于人力资源的缺乏，大多数企业内部人员的竞争研究还只停留在信息的搜集阶段，缺乏对信息进行"去粗取精，去伪存真；由此及彼，由表及里"的能力。企业能够看到的都是"术"：价格的变化、促销手段的变化、对经销商的政策变化等信息。

如果在消费者市场，这些信息通过分析企业的网站、产品的手册、与经销商的交流、微信圈、微博、博客都可以获得，可以说得来全不费功夫，因此竞争信息的收集其实并不很难。

但是战略研究的学问在消费者市场，相对"术"的竞争来说，"道"更重要。企业在战略品牌营销领域比的是"布局"的能力。因为具体的促销手段几乎都是可以照抄照搬的，而且因为促销术都是公开的，所以信息很容易获得。因此研究的关键不是企业能够使用多少促销妙招。

在组织市场（比如投标竞争），价格是最敏感的因素，双方谈判时，都必须严守自己的价格底线，因此价格信息的获取能力成为战胜对手的重要因素。同时谈判的个性化、关系维护的个性化处理也非常重要，这是由大宗买卖的性质决定的。因此说，在组织市场竞争中，"术"的作用非常突出，但这并不意味着这个市场的"道"不重要。与消费品市场一样，耕耘于组织市场的企业真正的较量还是在"道"上的较量——战略模式的较量。

譬如，在对杭萧钢构的咨询中，我们的专家组调研人员从它的竞争者手中拿到了一本该企业的宣传册。上面写着企业的产业布局。我们发现，这个企业的母公司本身实力比较强，又与德国合资，并且还引进了多条先进的生产线，因此无论从设备方面，还是从技术实力、资金实力都优于杭萧。特别是当时行业还处于早期，这家企业的产业链布局就已经拉开，不仅有生产轻钢结构的生产流水线，还建立了生产彩钢板的生产流水线。结论似乎可以得出：这家企业的起点高、背景强、实力雄厚，其发展前景肯定要优于杭萧。

杭萧钢构是民营企业，在起步时，不仅资金短缺，而且大项目也不多，企业

的积累很有限，生产设备跟人家根本没得比，但有个优势就是技术人才还不错。董事长不仅从厦门聘请了国内这一行业的资深专家，而且十分重视人才梯队的培养，如从武汉工业大学等高校招聘许多大学生进行后备人员培养。

而对手企业由于过早地拉开产业链，必定会碰到更多的人才储备、技术工艺实现及资金周转上的困难，其在一个较长的时期内日子也同样不好过。

如果说竞争对手做的是"散打"，那么杭萧就可以针对几种资源进行"聚焦打"，先专心专意做钢结构，等把这个项目做大做强了，再来做其他，这样杭萧就可以把有限的资源分配到分销网络的建设、生产建设和品牌上。于是我们的研究重点是如何在行业成长期，通过分销网络的布局和效能的产出，来增加订单和对大订单的强化追踪⋯⋯

这一时期，对手都把资源投入到整个产业链的布局、生产环节上，杭萧就可以花少钱做大品牌、优化网络，这就是模式的差异。

事实证明，这条道路非常适合杭萧，只经过短短两年的时间，杭萧就从最初的行业第十跃升为行业第一。在这个项目的研究中，对手的企业宣传册提供了一个值得研究的、非常有价值的信息，而我们对信息进行加工分析处理在其中也起了至关重要的作用。

重视竞争品牌的趋势重于当下的品牌表现

有时候，从一些单点的有价值的信息就可以得出一个重要判断。但更多的情况是，要综合分析多方面的信息才能得出趋势和本质的判断。

在做青少年休闲服装品牌 G 的项目中，我们也研究过竞争者的发展趋势。其中，我们分析了同处于温州地域的其他两个品牌：美特斯·邦威品牌和森马品牌。尽管美特斯·邦威在当时的状态下是发展最好的一个，主要表现是：销售规模最大、网点最多。但根据其人才流动的情况（高管流动率很高）、领导者的管理风格（魄力很大，但比较主观粗放）、企业在资金上的投资走向（更多地学习西班牙的 ZARA，追求店铺陈列的高规格和电子商务平台的打造）、产品价格策略（价格带上移）等，我们认为此企业并没有真正理解中国青少年休闲服装的市场本质。脱离选择的目标市场学习西班牙的 ZARA 模式会导致其逐渐脱离原来的市场群体，从而给其他品牌可乘之机。

而森马虽然起步晚，无论在市场中还是在行业中它的知名度都不如美特斯·邦威，但我们根据其领导人的个性（善于沟通、对人心十分关注）、团队文化（年轻、活泼、充满活力，与青少年的个性十分吻合）、店铺陈设（非常年轻化，充满动感，货品琳琅满目，显得热闹非凡，让年轻人感受到这里的货色足，而且都很实惠）、促销手段（导购员酷装打扮，眼影涂成绿色，常常跳到桌上吆喝，还有年轻姑娘们喜欢的迷你熊——卷起来是个抱熊，展开来是跳毯子，实惠又好玩）……这些因素得出了一个结论：它对G品牌的杀伤力更大。

理由是：这家企业最能读懂它的目标群体——青少年的心，他们无论是从团队文化的建设，还是面向市场的所有产品、价格、促销手段都能与顾客群走在一起，融合在一起；董事长又非常善于用人、善于为高级人才搭建平台，这是企业做大的一个非常重要的条件，因此这家企业才是G公司真正的竞争者。G公司要学习的，恰恰是这个企业的一些做法。若干年后，森马用它的发展速度和业绩证明了我们当初的判断。

从你的资源和能力出发研究市场和竞争的机会

长期以来，在各种名校总裁班的课堂上，我经常会遇到学员拿自己正准备着手的项目来咨询。这些新项目所以被老板们青睐，很重要的原因是这个项目的市场前途特别好，对手少，还处于早期阶段。

但初步交流后，大多被我"枪毙"。为什么呢？因为这些项目的选择，老板们不是根据自己的资源和能力特征，而是完全站在市场和竞争的角度，选择的理由是因为市场大、对手少。

是的，品牌与营销都是要抓住市场机会。但是机会并不适合所有人。就像滴滴打车这样的平台软件，你开发一个出来十分容易，起初几十万就能搞定。但是你要运营，要吸引流量进入，这是竞争的关键。而且这种行业是规模行业，剩下来的只能是一家独大，那是否具备持续竞争的实力才是关键。因此，衡量一下你的资源和能力后，答案就可能大不相同了。

创业期要考虑自己的资源与能力，寻找新的机会时，更要考虑资源与能力。因为资源积累是你可以依托的力量，但也是束缚你的力量，所以必须全面考察研究它。

为什么每一次新的市场机会，崛起的都是一个新品牌，而不是老品牌，原因大抵如此。就是老企业的资源与能力成为一个束缚条件。企业越大资源与能力越容易固化，成为发展新业务的障碍。而"卖品牌"与"卖产品"本身也是两个模式，因此"卖产品"越成功的企业，越容易在"卖品牌"中败下阵来。这就是为什么那么多的外贸企业转型国内市场，前期通常交大量学费的原因所在。

下面我们通过一个蜂产品生产企业的案例，让大家进一步明确竞争研究与企业自身资源与能力的关系。

在蜂产品行业，做得比较好的龙头型品牌这些年不断地推出新产品，你可以看到除了蜂蜜、蜂王浆、花粉、蜂胶这些传统产品以外，为了扩大品种，又有铁锌蜜、花粉蛋白粉、蜂胶黄莲、人参蜂王浆等新产品的加入。你会发现，尽管产品的目录在不断地增加，但所有的产品都只是在某一材料上添加点了蜂的材料而形成的合成物而已。这是以材料为导向的产品开发模式，它忽视了消费者的需求。市场需要这些加了花粉或者蜂蜜、蜂王浆的蛋白粉、人参吗？经营者的思路是在自己现有产品的基础上加一些其他的被大家公认的具有保健功能的材料就变成了新产品，整个行业都在做这样的简单加法。

那么这些新产品到底产生了怎样的效益呢？只要仔细做个调研，就可以发现真正畅销的还只是那几个蜂的原初产品：其中蜂蜜、蜂王浆最多，花粉与蜂胶次之。这些复合出来的新产品的销售量十分有限。这真是在浪费财力、精力和可贵的铺面资源啊。

由于大家的眼睛总是盯着行业老大，你出什么产品我跟着上什么产品，你有什么营销手段我也上什么营销手段，结果这么多年走下来，整个行业的发展十分有限。

这个现象最终被一个从事某保健口服液销售的老板看到了，他立即拉起大旗，把保健品促销的模式运用到蜂产品促销，结果仅此一项突破就使他的企业后来居上，迅速成为行业中的"黑马"。但遗憾的是这家企业也没能真正地读懂市场，它只是创新地运用了"蜂产品的开发模式＋前期保健品行业"的促销模式，这种混合型的营销模式虽然在短期里给蜂产品行业带来了新鲜空气，但同样也沾染了保健品行业那些不成熟的、不关心消费者利益的不良风气，并随着市场的觉醒而遭到否定，于是它的模式也很快地遇到了发展的瓶颈。

经过我们大量的调查后发现，其实到我们咨询项目委托方门店里来的大多数购买者并非原来预想的中老年人，而是30岁以下的女性（这与传统认知有严重的差距），尽管中老年人的销售量占据了整个企业销量的大部分。遗憾的是当这些年轻女性到店铺后只能买到蜂蜜（因为只有蜂蜜可买，其他保健品年轻姑娘没有需求），然后就只有离开了，因此她们的客单价很低，自然其销售贡献度也很低。

而那些为了保健而购买蜂王浆、蜂胶的中老年人，大多体弱多病或者由于处于亚健康状态，需要长期调理，所以对健康辅助产品的关注度极高。特别是那些已经服用了一段时间的人，因为对产品十分理解，所以不需要导购员做什么宣传沟通，几分钟就可以完成购买。

这些中老年购买者往往非常精明，甚至精明到每克的蜂胶含量与价格比都十分清楚，还会专门挑选各家企业优惠促销的时段购买。

这个行业多年来的习惯就是用买多少送多少的方式搞促销，其实质就是变相打折，因此老顾客们就专挑企业促销时购买，一次活动就把后面几个月的服用量都买足了。

结果厂家发现，他们不搞活动产品就卖不动；而一旦搞了一次活动，后面几个月的销量就起不来了。更糟的是如果自己不搞活动，对手仍然在搞，那么自己的顾客就流失了。不得已只有不断地搞买赠。于是几年下来，单店的销售额是越来越不尽人意，店铺也越来越难以盈利，加盟商纷纷转行。

在这个案例里，这些企业存在的直接的、表面上的问题是店铺难以盈利，为此他们的解决方案是进一步拉住老顾客，尽量避免客户流失。他们认为这批中老年人是店铺的消费主力，而拉住老顾客的办法就是搞更多的买赠促销活动。但是这样直接导致企业的利润率进一步摊薄，店铺盈利能力更低。

陷入这个恶性循环的根本原因在于品牌商研究的视角总是停留在竞争者上面，他们是你一招来我一招挡，你搞买赠我跟上，由于害怕顾客流失甚至都不敢尝试新的促销方式。

而实际的问题是，企业应该跳开对竞争者的过分关注，把目光转移到每一个走进店铺的顾客身上。重新研究你的顾客群体，研究他们的需求是否已经得到了很好的满足。

在这个企业，几千家的连锁店铺已成为他们营销活动最重要的资产，如何使这个资产得到更有效率地发挥是问题研究的出发点。因此，企业此时完全不需要舍近求远去拉动与现有的店铺完全没有关系的市场群体，只需要对现有的入店顾客群进行研究，如果能提高他们的购买量就可以直接刺激店铺销售量的增加。

这家企业的问题是忽视了对自己店铺的市场群体的研究，特别是用习惯性的思维来定义顾客群体，过多地强化了中老年人的保健需要，而忽视了随着市场的发展变化，如今年轻的姑娘们为了使自己更年轻漂亮，对原来只有生病的人才需要的保健品譬如蜂蜜、花粉、维生素E等也发生了浓厚的兴趣。

因为这些产品除了拥有传统的保健功能之外还具备美容养颜的功效。企业可以为她们量身定制一些产品。而对于中老年的老顾客，由于他们对产品已十分了解，再对他们讲解产品知识显然已吸引不了他们的注意力，他们需要的是更多的、更具个性化的营养保健方案。

在今天保健品品类如此丰富的时代，不仅是蜂产品的同行在抢夺顾客，更重要的是同等功能的替代品也在抢夺顾客，因此企业的竞争视角再也不能只局限在同行对手。

在消费者被层出不穷的保健食品弄得眼花缭乱的时候，企业能否依托多年积累起来的品牌声誉帮助消费者选择产品，并进一步地提供有关健康方面更深入、更全面的指导呢？

这就是说在今天这个时代，保健品企业需要为他们的顾客提供更多的服务，否则他们与你的关系就是一个月一次的几分钟的购买关系，而且他们的品牌忠诚度也是完全由价格决定的。

这种服务当然不是我们通常所说的导购的概念了，它应该是营养保健顾问的概念。厂家必须在此方面培育自己的新能力，因为这就是市场发出的召唤。

为什么安利、完美这些品牌在没有店铺的情况下照样能获得销售的成功，因为他们发现在这个行业里，销售的不只是企业的产品，还要销售企业的关爱。你只有真心地爱他们，重视他们身体的感受、心灵的感受、人情的温暖，你才能建立牢固的市场基础，简单的产品买卖关系只能存在于这个行业的导入期和成长期。

如今市场早已进入供过于求的时代，市场的性质也发生了翻天覆地的变化，如果还是停留在原来的营销模式上，路必然是越走越窄。

通过调研，搞清楚了进入店铺的顾客结构这样一个简单的问题，增加店铺盈利率的其中一个解决方案也陡然而生，而这已不是简单地对这些主力老产品的打折优惠，而是一种新的竞争手段：调整产品结构，根据年轻女性的需求增加产品的品种品类，以增加她们的客单价，由此出发建立起对年轻的女性与专家型的中老年顾客这两部分顾客群体的完全不同的促销策略。

对中老年顾客需要健康的知识、顾问式的营销和关系营销策略。而年轻女性更需要本品牌表现出的对美丽功效的强化和与时尚的联系度。这就是建立在以市场为导向的策略与建立在竞争为导向的策略间的差异。

CHAPTER8

第八章

战略研讨

一个月的时间很快就过去了。这一个月里，李阳虽然很忙，但心里还总惦记着咨询公司的结果报告，这也许与前期调研大家都下了功夫有关吧！功夫花得越多，自然对报告的期望值也越高。

图 8-1　咨询公司完成了调研结果报告

终于，彤老师和她的专家团队带着报告来了。

好家伙，内容还真丰富，整整有几百页呢。

李阳以前从网上也看过一些咨询公司的报告，它们大多是那种 PPT 格式的，报告时主要通过咨询老师的讲述来理解。但由于 PPT 设计的都很简要，所以专家们对各要素之间关系的表达更喜欢采用图表的形式，而这种表达方式在专家们讲解时自己尚能明白个几分，一旦离开了讲堂，就会云里雾里，不知所云了。而这回还不错，彤老师他们的报告既有文字表达，简便易懂；又有图表说明，非常容易明白又便于识记。

李阳是研究生出身，又做过大学老师，因此他评价一份报告的质量首先是这份报告的逻辑性。

他认为一份优秀的咨询报告应该是富有理性思维、能把握住事物的本质和发展趋势的。这项工作在大学里被归入横向课题，是个研究型的工作，完全不同于请策划人出点子。

特别是战略规划，其根本之道就是企业如何应对未来的环境变化。如果对过去和当下的内外环境都不能准确认识、深入理解，怎能期盼它对未来的分析和建立在此基础上的策略是正确的呢？！

因此李阳评价报告的质量之关键在于内容之间的逻辑关联、报告的思想深度及分析的准确性。

当然，形势分析阶段报告的质量肯定与策略阶段报告的质量有很大的差异。前者关注对事物了解的深入度、全面度、准确度，后者则关注方案的逻辑性、现实性和创新性。因此，李阳特别重视这次形势分析报告的系统性、客观性、准确性与逻辑性。

图8-2 李阳非常重视报告的质量

许爽的想法不同于李阳。准确地说，在听报告前，她没有更多的想法，她的认识就是来听课。而听课，她向来喜欢人多，毕竟请老师的代价不低，人多也是成本的一种有效利用。她没有多想，感觉上这个报告会与那些培训课应该也差不多，于是吩咐秘书通知所有在公司的部门经理、主管都来参加，正巧那天她的几个经销商朋友也在，许爽就邀请他们一起听。

许爽还邀请了自己朋友圈中最有文化的一位朋友，一名特别足智多谋的政府官员，因为一直以来许爽不论有什么大事，都会邀请他来一起参与，相当于许爽的一个高级参谋。

图 8-3　听说这老师很厉害

彤老师了解到许爽的做法后有些吃惊。一方面她佩服许爽的大气；另一方面还是为自己的报告捏了把汗，因为咨询报告是研讨会性质。

不同于培训课程，在培训课上，老师可以就一个观点海阔天空，旁征博引，把气氛搞得很活跃，而且不需要承担观点偏颇误导的责任。

特别是这几年，一些培训师观点偏激，论证混乱，但由于十分注重课堂的气氛营造，常常妙语连珠，倒赢得许多学员的喝彩。

今天的咨询报告和研讨则强调严谨、客观与准确，特别是由于这种报告一般写得很详细，咨询师只要讲读报告，顺便展开一下即可，因此整体气氛是严肃的。

报告完毕后要展开的研讨，也必须根据报告内容对论点提出背后的论据展开讨论，通过论据的不成立来推翻论点，而不是简单谈一下自己的观点，没有任何依据。这种研讨会是非常严肃，强调实证的。要不然调研阶段做的那么多分析就失去了价值。

这样一来会场上气氛自然比不上培训，特别是报告内容很多，大家都是通过投影来阅读，时间一长容易影响听众感受。

在这种情况下如果在场的都是具备知识基础、理解力又强的企业内部人，还能认识到报告的价值，研讨时也能进入话题，有理有据地就报告谈问题。外人不了解这些，或者缺乏逻辑分析能力，听起来自然会感觉莫名其妙。如果又缺乏耐心的话，效果就可想而知了。这些旁听者又都是许爽的客户和朋友，他们会不会把自己的情绪反馈给许爽，最终影响许爽的评价呢？

图8-4 培训课与记者采访有什么不同

此外，咨询报告研讨不同于记者采访：咨询报告重在对问题的揭示；研讨重在对报告成果的理解和论证；而记者采访大多是对企业形象的宣传，歌功颂德的成分多。咨询报告中反映的有许多是企业的内部问题，一方面它属于企业机密，不应该让经销商听到；另一方面听者如果不能正确理解，出现糟糕的舆情，这就麻烦了。

作为咨询师，彤老师觉得自己有责任去预防这些可能的不良结果。

这边，李阳、许爽与彤老师各有心思。报告研讨会马上要举行了，彤老师思考再三，决定在报告研讨会开讲前，给大家做个开讲序言。

于是，乘着专家介绍咨询成果前，彤老师借着讲报告须知的名义讲了几条：

第一，咨询报告研讨会不同于培训，大家对这类会议的气氛特点要有心理准备。

第二，咨询报告不同于记者采访报告，重在揭示问题，因此问题会谈得很多，但这并不是说我们的企业很糟糕。事物是在矛盾中前进的，企业也是在不断地克服问题中发展的，没有问题的企业就没有生命。许多情况下，企业发展得越快往往问题就越多，希望大家有正确的理解。

第三，这种报告研讨会一般属于企业的绝对机密，非十分信任的员工和朋友是不让参加的，今天在场的都是好时光最忠诚的员工和朋友，好时光愿意与大家一起面对问题，分享企业成长的快乐。

图8-5 研讨会属于商业机密吗

彤老师的一番话，可谓是一举多得，既为大家对报告会的评价奠定了基础，同时也给信息防止外泄敲了警钟，而且还鼓舞了大家的士气。话音一落，就博得了大家的阵阵掌声。

许爽自然也很兴奋，她是个明白人，明白彤老师这番话其实是在救她的场：

一方面提醒了她的做法有些不妥；另一方面又给了她足够的面子，而且还给在场的各位打了预防针。她不由得从心眼里开始欣赏起这位彤老师来。

接下来，几个专家轮流对报告进行了陈述。

好时光这次咨询的主题是战略品牌营销，核心问题是品牌建设中的渠道策略，因此报告的内容是建立在战略形势报告基础之上，对渠道部分重点展开。

图8-6　报告怎么消化呢

李阳发现，报告的分析角度比较全面，内外部环境分析足足讲了一天，各方各面都进行深入分析。

以彤老师的观点看，这些都是直接或间接影响到好时光战略品牌营销规划的因素，也是影响到分销模式的重要因素，所以必须予以全面地研究。

李阳觉得彤老师的这些观点很有见地，这是他在中外营销书籍上都没有看到过的，应该是彤老师多年来在中国做上百家企业咨询与研究的成果积累。

李阳觉得要真正消化理解这个报告，自己还得补补课。他想："连自己听这个报告，都觉得很新鲜、很吃力，好多问题都是当下听得明白，过后好像还是不大懂，其他人就更不用说了。"

图 8-7　你都那么肯定我就放心了

参与报告会的洪光亮则感觉不错。他觉得至少在对行业分析这块，听了报告后有一种豁然开朗的感觉。原来他不明白在中国台湾地区当初发展得这么好的一个行业，为什么最后无声陨落了。

自己从台湾来到大陆，帮助好时光发展，自己领导的设计团队到底在好时光扮演怎样的角色？起到怎样的作用？对好时光的贡献有多大？这些问题在公司一直以来都没有被清晰地认识。

报告中揭示了这个行业的关键成功要素是设计，他对此非常认同。而且报告对整个行业竞争格局态势的把握也很清晰，他觉得自己进入这个行业都几十年了，平时只知道埋头做设计，今天总算看到庐山真面目了。

尽管他对报告中关于分销、品牌的讲解分析理解得不是很透彻，但他从报告中那些自己比较熟悉的行业分析部分的质量水平可以推断，其他部分的分析应该也都是非常有价值的，这将十分有助于好时光做出新的决策。

许爽看到参与的人都在非常认真地听报告，心里就舒坦得多了：这个工作终于做起来了，而且到现在为止一切进行得都还比较顺利。如果大家都能意识到战略的重要性，都能一起来思考，这就是一个比较满意的成果。特别是她的"参谋长"朋友对此次报告的评价也很不错，就使得她就更有信心了。

案例思考：
企业应如何组织战略规划的报告研讨？如何评价品牌专业机构的咨询质量？

案例解析

● 正确把握战略品牌报告会的机密层级

显然，许爽对咨询报告的认识还不够清晰，她不知道一个咨询报告研讨会对企业意味着什么？该组织哪些人来参加？自己该如何对待？虽然表面上看这只是许爽对待咨询项目报告研讨会的认识问题，但实际上反映的却是她对战略层面上的工作该如何开展认识不清的问题。

许爽的行为在老板中具有代表性。迄今为止我们所服务过的企业中，对咨询报告研讨的过程及其成果到底该如何处置，大多老板们都不太清楚。于是就出现了两种极端的对待方式：一个如案例中的许爽，将咨询报告研讨会当成普通的培训课，邀请企业所有在公司的中层及以上的员工都来参加，甚至还邀请正好到公司办事的经销商参加；还有一种方式就是对参加的人员做过分的限制，仅限于老板及老板的亲信，甚至一些十分重要的高管都没有资格参加。

对于报告的书面成果的保管方式也大致分成两部分：一部分企业是让秘书保管，管理人员可以十分轻易地得到；另一部分企业则走了另外一个极端，只限于老板本人掌握，甚至连总经理都拿不到全案文本。

在本章案例中，好时光在这个阶段的报告还没有到出战略策略的阶段，还处于形势分析报告阶段，这是对整个调研工作的总结成果，会涉及大量的企业内外部环境的分析。

一个客观的报告必然有许多大家都不愿意听到的内容，它不同于褒奖性文章，咨询报告是揭露问题的，听了之后往往容易让人产生消极的情绪：原来我们公司的问题这么多。

实际上所有在发展中的企业都是处于矛盾中的，发展得越快，问题就越多。暴露问题、揭示问题，恰恰是这一阶段的任务所在。报告开始阶段，必须让参与者充分认识到这一点：不要因为阐发了太多的问题而对企业失去信心，或者成为负面宣传素材。当然，此阶段经销商不参加更好，除非他们已内部化了。

◉ 公司品牌战略研讨具有机密性

许爽以为，既然请老师来讲课了，那么最好是让更多的人受益，因此凡是在公司的中层及其以上的管理人员、经销商等都被邀请来听课，但实际上这次报告是对内、外部品牌营销形势的研究分析报告，对来听课的人必须有一定的限制。

如本案中应该是请项目组的成员、部门经理参加，但经销商就不适合了。而且事前必须有保密约定，听会之后的消化过程必须配备专门人员进行监控。

公司品牌战略咨询报告研讨本质上是一个研究过程中的互动，是咨询师与企业内部高管间的互动，共同就咨询课题进行交流探讨。方案本身还处于过程中，未成定论。因此在此期让过多的非战略决策层的人员来参加，一方面容易泄密；另一方面战略方案是建立在大量事实基础上的逻辑分析过程，它是对企业的一个全面的检查，会暴露企业存在的许多问题。这些问题势必在报告过程中要被大量地揭示出来。这对一些不成熟的职业经理来说，容易影响他们对企业的正确判断，产生消极心理。

此外，报告过程中的竞争对手研究也是主要内容，如果过多的人参与，特别是在今天中国的职业精神普遍缺乏，职业素养、忠诚度十分有限的情况下，是不够妥当的。

◉ 咨询报告很专业，与培训差异极大

许爽邀请员工及经销商来听课，还与她不了解公司品牌营销战略咨询报告的特点有关。公司品牌营销战略咨询报告是抽象的，就目前中国企业大多数从业人员的理论素养来看，还缺乏消化理解的能力。因此请员工和经销商来听，好多也

是陪坐。

由于企业员工理论基础的相对薄弱，会导致对概念认识的混乱和模糊不清，这是我在对企业的培训中经常发现的。

譬如要大家来回答企业经理人的"五好标准"是什么，这实际上就是培养经理人的抽象概括能力。以大家都熟知的学生"三好标准"为例，三好标准是：德、智、体。它并不具体说明什么是德，但"德"的内容涵盖了谦虚、诚实、正直、勤俭、朴素等。

如何实现呢？如不说谎话就是"诚实"的一个表现。在这里，德—诚实—不说谎话就是三个层次的概念："德"具有很高的抽象性，它囊括了所有的优良的道德品质；"诚实"就是中等层次的概念，可以说是策略层次的；"不说谎话"则是如何实现诚实的方法，是较具体的一个行动。

制订企业经理人的"五好标准"也是一样，它必须具有一定的抽象性，概念上具有一定的延展性，指明方向即可，譬如把"关心下属""服从指挥"这样一个行动层次上的概念上升到正好标准就是不合适的。

即使解说得已经非常详细，能充分消化吸收的还只是部分学员，交上来的答卷依然有很多把不同层次的概念混在一起，如把"创新敏变""按时做好报表"和"谦虚诚实"放在同一个层次上，作为企业经理人的"五好标准"提出。

因此，在上述情况下，被企业随机邀请来参与的非决策相关人士，即使迫于老总或董事长的情面或指令来参与了，大多也只是做个样子，是个陪衬，还会影响报告过程中的交流。所以，此类咨询报告会人员的组织最好是限制在战略决策层，并涉及企业各职能部门的负责人。

培训则是就一个已经成熟的观点、知识体系或技能进行教育和训练。假如战略咨询报告会的方案成果已被通过，企业决定进入实施，此时对方案的解说就是一种培训。其目的重在让参与者消化理解，而非探讨修改。为了促进对战略方案的消化理解，讲解者应尽量采用生动的故事、例子穿插，来降低方案的抽象性，使之变得相对感性，因此也就更为动听。

上述这些现象表面上看只是如何对待报告研讨会、报告的书面成果的问题，实质上反映的则是老板对战略品牌层面上的工作究竟该如何组织和落实解决问题。而这项工作的质量好坏直接关系到下面战略的执行效果，并牵涉到大家都十分关心的执行力的问题。因此下面的深度学习篇就战略、策略、战术报告的差异，以及报告会的组织、机密的控制做进一步地分析。

深度学习

战略、策略、战术报告会的组织和机要处理

战略、策略、战术方案报告的差异

战略是指对一个事物的全局性的、根本性的规划，它指明了该事物的发展及如何发展的基本途径。

策略是相对中间层面的策划，是对战略的展开。

战术是就一个策略的具体实施方式，是最具体、最具个性的部分。

共同性在于：无论是战略、策略还是战术都必须解决什么人、做什么事、为什么做、怎样做、在什么时间、什么地点、花费多少代价这七大问题。

差异在于对这七大问题解决的抽象到具体的级别。

战术方案的特点：

在战术策划时，这七个问题交代得就必须十分清楚，如什么人——张三、李四；什么事——制作奖品；什么地点——在友谊宾馆；花费多少——花费9.7万元等。

如果是战术方案，就必须制订一个十分详尽的一目了然的计划。它应该明确是哪些人在其中扮演什么角色，以及他们在何时、何地该干什么具体的事。

战术性的方案一般都有个行动进程表。如表8-1所示。

表8-1 战术性的方案行动进程表

时间	地点	经办人	工作内容	工作要求	负责人

从表里可以看出战术方案是一个行动计划，它与策略方案的差异在于：策略方案更强调为什么选择此目标对象、地点、时间、花这些代价来做这件事情，估计有哪些风险，可以取得怎样的效果。

策略型方案的特点：

策略型的方案一般由九个要素构成：背景、目标、主题、时间、地点、对象、进程、预算、效果并评估。

下面是浙江舒奕礼品公司（一家以生产与销售工艺蜡烛为核心业务的企业）的部门经理在公关计划中所推出的公关活动中的部分文案：

与婚庆公司合作，凡在某月某日—某月某日为期50天之间购买舒奕新婚幸运蜡烛礼品的夫妇，舒奕免费帮助策划婚礼，并提供司仪。活动主题为"幸运彩烛，光照美好人生"。

该文案强调在西方结婚时不仅要点燃蜡烛，而且要以蜡烛为礼品，送给来宾与亲朋好友，与他们分享吉日喜气，同时也预示了新的一天将从这里开始。司仪在主持中应充分阐发蜡烛礼品的这个意义，使其得到良好的传播。婚庆活动应该糅合东西方文化特色，使其既具有西方文化的庄重典雅又不乏东方婚典中的热闹。模式一旦创立，应该可以成为一种很有效的公众传播手段。

文案中强调此策略方案的优点是：结婚是人生大事，传统的庆祝方式就是送糖果，不过已没有新意。因此，人们期待着更有意义的礼品，该礼品必须能让大家分享快乐与喜气。舒奕蜡烛正好有这个功能，因此二者通过婚礼来融合是十分自然的。但要让这个活动得到更好的推广，必须再加点佐料。活动中增加免费策划和司仪，一方面免除了新娘新郎动脑筋策划的烦恼；另一方面又是免费的，因此此活动必会受到欢迎。如果本次活动效果好，可以全面推展成为持续的一项营销活动。

这个活动策划为什么是策略性而非战略性或战术性的方案呢？

与战术方案的差异比较容易鉴别，关键的是看它有没有交代具体的人、物、事，而本案中具体的行动时间，与哪些具体的婚庆公司合作、谁负责、什么地点等都没有详细交代。它的目的主要是为舒奕蜡烛的品牌传播设计了一个公关方面的路径。

在策略方案中对为什么（Why）的描述是其中的关键，而上例中的文案基本上都是对该活动为什么可行的一个交代，因此策略比重大。

策略可行或者不可行的评价标准是什么？标准可能会有很多，但首先必定是看其与战略是否相一致，因此一般一个业务型公司（非超级大的集团公司，集团公司都是从公司战略开始，到业务战略，再到职能战略，战略套战略（等最终到战术的时候已经经历很多层次了）的方案至少要涵盖三个层次：战略—策略—战术。

战略方案的特点：

做战略性的规划要放眼全局、关照根本。"关照根本"就是对事物发展的整个过程的了解，要追根究底；放眼全局，就是要对整个系统进行全面的了解，反对"只见树木，不见森林"的思维方法。它要求规划者站在一定的高度，以历史的、发展的眼光审视全局，审视整个系统结构，并找出事情内在的因果联系，发现它的未来趋势，然后顺应这个趋势创造条件去实现它。

战略是一种纲要性的东西，其所选用的文字表述是抽象的。组织层次越高、年度越长的战略，其抽象层次就越高。

什么叫抽象？如苹果、橘子很具体，但水果在现实中是不存在的，它是对苹果、橘子等的统称，它就比较抽象些。水果、糕饼、饮料又都被称为食物，食物就比水果更抽象。而食物、化工品、图书、农作物都被称为物质，物质就是比食物更高的抽象。

战略规划必须用比较抽象的语言来表达，如在"未来的五年中，企业在果蔬食品加工行业的规模要达到4亿元。"这就为这个企业的发展规定了比较长远的前景。

为什么要用"果蔬食品"这个概念呢？其实这个企业目前所生产的是胡萝卜汁、番茄酱，它为什么不直接说："未来的五年中，企业在胡萝卜汁、番茄酱食品加工行业的规模要达到4亿元。"因为后者的概念太具体了，容易使企业的行动失去一定的空间，导致灵活应变的能力不强，所以战略规划的概念性更大些，可以留出一定的空间让策略与战术制订者进行再策划。

正是基于此点，战略的制订者被要求具有更高的素质，知识结构上最好要具有良好的逻辑抽象能力，心态上要避免急功近利，同时又要有该行业所必须具备的专业知识。

在制订规划之前，还必须对内外环境的过去、现在有充分的认识。如果对过去的认识都不清晰，其对未来把握的准确性就很值得怀疑了。

在营销学里，市场细分、市场选择与市场定位战略被称为营销基本战略，而产品、价格、渠道与促销被称为组合策略。

目标市场营销战略回答的是产品卖给谁？凭什么卖给他们？即你选择了什么市场？他们为什么愿意选你的产品？而你通过什么手段实现这个营销战略，其在某一个角度上的方法就是策略。每一个策略回答的都是某一侧面上的战略解决方案。它们只有组合起来才能支持一个战略的实施。

譬如，我们在天津金鹏集团塑钢型材的战略咨询上，给出的目标市场营销战略是"面向大众塑钢型材用户提供性价比最优的产品。"目标市场是"具有中档大众化需求的品质—价格群客户"，差异化竞争战略即市场定位是性价比最优。

金鹏型材在产品策略上的具体策略是：

依靠科技的力量，继续开展基于客户价值提升的设计优化工作，围绕出材率指标对产品配方、壁厚、外形尺寸、腔体结构、工艺等方面开展价值工程，形成在国内同行业中独特的设计优化能力，以出材率支撑金鹏型材的性价比优势。

产品品质是企业的立身之本。随着整个行业的技术水平和工艺水平的提高，总体质量会稳步上升。因此，金鹏型材在继续巩固现有产品优势的基础上，从研发、制造等环节入手不断改善工艺和管理，持续改善产品品质，并始终保持相对于二线品牌的质量优势，让客户放心。

继续坚持目前高、中、低档组合并举的产品路线，以满足不同类型的客户需求（房地产、政府工程、城中村改造等），以及不同级别市场的需求（一、二、三级市场）。

在现有产品系列的基础上，适当提高产品的通用化水平，减少断面数，方便客户（门窗厂）也方便企业。

可以看到，策略毕竟不同于具体的战术操作方案，它仍然具有一定的抽象性，只有战术行动方案才是生动具体的。

战略、策略与战术报告研讨会的风格差异

正是基于战略、策略与战术的差异，因此一个关于战略咨询的报告自然也是比较抽象的。

"抽象的"通常被认为是"空洞的、不生动的"，因此听战略报告的过程也是比较乏味的，即使报告者的口才很不错，但限于报告的内容，他不能太随意地比喻或者升华。

策略报告的抽象性次于战略报告。但多数情况下，我们的战略与策略报告是一起做的，总体来说，还是比较枯燥的，重在客观事实的抓取，重视现象到本质的逻辑演绎，是一个理性认知过程。

而战术方案的报告由于十分个性化并追求艺术化而富有感性，课堂气氛也就比较生动。这种表达方式与大多数人的思维方式吻合，容易被接受。

一般的广告公司、会展公司、公关公司等提供的都是比较个性化的设计方案，考验的是创意能力，因此对多数人来说，参加此类型的报告会比较有趣味，特别是对一些设计作品，因为对美的感受因人而异，美是没有绝对标准的，因此往往还会出现"公说公有理，婆说婆有理"的热闹局面。这种气氛正好是战术方案的报告会的表象，这与战略报告会形成了极大的反差。

品牌营销战略、策略会的研讨组织

战略品牌营销研讨会必须由公司核心决策人主持。战略品牌营销既包括品牌战略的制订，又包括营销组合策略的制订，还包括以这个战略策略为原则指导下的组织体制设计。

战略品牌营销和策略方案制订是个内部信息交流和探讨的过程，企业的骨干人员必须参与，因此信息必须有一定的开放度。但同时此项工作又涉及企业的商业机密，因此这个过程的开放分寸是比较难把握的。

那么究竟该如何开展品牌营销战略，以及策略研发过程中信息沟通的组织

工作？

今天品牌战略已经上升到企业的竞争战略层面。像著名的宝洁公司都取消了原来将品牌总监与市场总监、销售总监并列起来的组织方式，而将品牌上升到企业总经理负责的层面。品牌成为领导企业一切经营活动的指挥官，是企业经营活动的灵魂，当然也是营销的灵魂。

这一点早期的品牌只是企业企划部或者后来的品牌部的概念是完全不同的。因此讨论企业的战略品牌营销，必须由公司的主要决策人参与。

营销战略是业务战略中的核心部分，它以业务项目为单元。假如一个企业集团同时拥有型材和房地产两个业务项目，那么营销战略必须是两个，不能合并起来。如果两个业务项目的关联度很高，我们在研究中就可以考虑它们是否可以实现资源共享。如红蜻蜓集团的儿童鞋与成人鞋项目，虽然是两个事业部在操作，但我们可以研究其共享部分，以实现企业资源的最大化利用。

狭义的营销部门只属于整个公司职能部门的一部分，但是广义上的营销则涵盖了除生产部门以外所有的职能部门。其他所有的职能系统都是在以市场为导向的原则下，即在营销部门为龙头的原则下建立的，它们是支持系统。

营销组合策略属于大营销的概念，策略涉及了其他职能部门，如产品策略与产品研发，并与生产和质量部门、物流部门关联度比较高。促销策略与企划部、市场部等关联度高，价格策略与物流、销售等部门关联度高。

由于各个部门经理对业务十分熟悉，因此他们的参与对制订一个科学的战略品牌营销就十分重要。一个科学的营销策略参与者往往包括了整个公司的各个部门经理。

策略是服从于战略的，对战略的决策、整体的把握当然是总监级别以上的人物来做最适合，特别是一个新战略的出台，还涉及财务上的投入问题，属于企业的方向性变革，因此董事长的参与是必须的，或者说董事长是战略研讨会的第一参与者。他不在场，会议就没有什么实际意义。

▌部门经理参加战略、策略研讨的机密控制方法

一般情况下，企业内部的非部门核心人员没有必要参加战略研发过程中的

探讨，因为这其中会涉及大量的对企业内部问题的揭露分析和对竞争者的分析评价，而信息的过于暴露对战略的制订显然是不利的。

为了保证参与者对战略研讨的认真态度和参与度（它们直接关系到后面的执行），一些企业老板甚至对此项工作也采取激励模式。由于部门经理们往往被日常的工作所累，不愿意花很多的精力参与对未来的探讨，他们觉得这些事应该是老板们的事，因此过程中常常因为认识的问题不够重视，比较被动参与。

但诚如我们前面交代的，策略的问题实际上是各部门的事，他们吃不透，后面的执行绝对出问题，因此最好把它纳入当前工作的考核体系中，或者另外给一个激励模式。

譬如我们在对杭萧钢构的一个咨询项目中，因为前面已经做了几个项目，信任充分建立，董事长就额外拨付一笔费用，专门奖励给那些参与度比较好的、贡献大的经理们。奖金完全由我们来控制，目的是要让大家都来配合。董事长的方法确实很英明，当然它是建立在对"外脑"的绝对信赖的基础上。

在这方面，我们服务的浙江新光饰品公司董事长周晓光就深有体会。她一直十分重视战略的研究，早在20世纪90年代就引入中国台湾的咨询公司参与企业的战略发展管理，因此对如何调动管理人员参与配合十分有体会。她的做法是通过个别沟通来达到目的，让项目组的人员都知道这件事对他们本身工作的意义。

但为了保证项目的绝密性，企业要做好以下几个方面的工作：参与者必须签订该项目的保密条约。除了"总"字级别的外，原则上，部门经理级别的不能获得全案书面成果，只能获得涉及其部门的，并签署不得互相传阅的约定。其他牵涉本部门的相关信息，可以通过笔记进行。公司应该设置一个档案阅读室，在档案员的陪同下，相关部门经理对自己必须了解的地方阅读做笔记。当然咨询专家也可以对项目进行分类整理，根据每个部门经理的需要分别作摘录，然后设置文本定向给予。

但保密工作应该服从于方案的执行。为了有利于方案真正地被消化吸收，公司应该对方案的学习进行考核。

　　战略与策略成果的把握方式是不同的。战略成果（非战略解析）要在内部人员甚至渠道成员中广泛宣传，不需要保密，越保密，基本思想越不能保持一致，执行就越容易出问题，因此战略成果结论部分甚至可以用标语、口号等通俗的形式进行传达。策略部分不但要求部门经理非常熟悉，而且要在部门内部宣传透彻。

CHAPTER9

第九章
品牌大计

战略品牌营销内、外部环境研究报告会结束后,专家组又苦战了数十日,终于拿出了战略品牌营销与策略报告。

第二场报告会如期在好时光的大会议室召开了。

图 9-1　报告会发布了令人震惊的结论

报告会由彤老师开场,其他三位专家依次就报告中各自负责的部分进行陈述。从战略规划到营销组合策略,逐一进行讲解,足足进行了两天。

报告会是如此的重要,气氛如此紧张,以致许爽开玩笑说自己的耳朵都是竖起来听的,因为每个字都是她花大价钱买来的。

报告会上,专家组根据形势分析的情况,得出了一个对大家来说都十分震惊的结论:根据好时光目前的状况,建议好时光现有渠道的改革与新品牌建设分两步走。不建议好时光在现有的业务体系内,立即着手进行新的品牌连锁零售项目建设,因为与其业务体系不匹配。

专家组的主要理由是：因为好时光这几年的利润空间在缩减，市场竞争日益激烈，所以才萌生了把主力资源转移到连锁零售渠道做新品牌的想法。缩小对外贸市场和批发渠道的依赖这个战略方向是对的，但从好时光现有的资源和能力看，在现有的好时光体系内，用连锁专卖做品牌营销转型并不得当。

首先，从消费者行为看，消费者第一看重的是流行饰品的款式、花色，其次是品质，再次是价格。品牌在购买要素选择中的地位并不像饮料、饼干等快消品行业那么重要。因此在流行饰品的竞争中，关键点是开发，跟上时尚潮流，仔细体会消费者服饰潮流的变化，穿戴方式的变化，以及穿戴场合的变化。

图 9-2　专家从消费者行为分析

其次，流行饰品的营销中，终端地点的选择十分关键。消费者购买流行饰品往往是冲动购买。因此饰品出现的地点必须是人流量大，密集度高的地方。而且作为配饰，它的购买容量还是有限的。因此终端场合适合在那些高密度人流的非黄金位置。

如果用一个大的品牌专卖店来陈列，往往坪效低，无法盈利。所以专柜形式更适合，专卖店模式难以存活。特别是开在人流量不高的专卖店或者周边不是时尚服饰商业区的专卖店就更是死路一条。

流行饰品营销中，终端地点的选择十分关键，专柜形式更适合。

图9-3 专柜形式更合适

再次，目前由于电子商务渠道的竞争，百货商场的客流量逐渐下降，商业步行街、社区街大部分好地段都已被其他品牌占领。那些品牌往往是商号品牌，在组合产品上比好时光这种制造型企业更有优势，因为他们可以随时根据顾客的需求到世界各地采购产品，往往更能快节奏地跟上时尚潮流。

好时光的产品品种受制于工厂制造能力的限制，品种还比较单一，无法覆盖专卖店所需要的产品线。

专卖店模式下，好时光需要大量地采购其他产品。这会需要极大的资源投入，同时意味着现有的生产线产品的需求会大幅度地萎缩，生产与销售的矛盾将会十分严重。

最后，由于流行饰品行业属于劳动密集型产业，好时光在当地被当成黄埔军校，因此优秀的熟练劳动力频频被挖走，这对好时光建立在熟练劳动力基础上的产品品质的稳定与提高形成重大阻碍。此问题不解决，好时光的产品品质就得不到保障，品牌化的运作就潜伏着隐患。

图 9-4　电子商务竞争，客流量下降

虽然好时光产品的款式设计在当地领先，但主要只是在数量上领先，并且还存在着姐妹款太多、没有自己的产品风格、没有品牌导向的模仿性开发等问题。这种开发模式不符合品牌化运作的要求，而且从其能力来看，也达不到进行高档次品牌化运作的水平。

而品牌意味着制造差异，如果好时光选择了细分市场作为品牌目标市场，那么就意味着它要继续维持原来的大规模产能的状态就需要许多个品牌，而这又会涉及十分庞大的资源，这对人力、财力都是决战。

最重要的是，战略是选优原则。专家组对好时光的核心资源——建立在各地批发市场的经销门市部进行了深入分析后发现：目前好时光的门市部相对那些专营于生产的同行来说，还是有竞争力的。因为好时光的门市部是直属的，比起完全依靠批发市场的经销商来销售产品的厂家来说，能更快速有效地将产品分销出去。所以战略上可以优先考虑如何利用好现有的资源和能力，得到最大化最快速的发展。

因此解决当下已经有的业务存在的问题是最优的路径。这个问题是：好时光现有的门市部的品牌和营销功能非常弱，只是完成产品的陈列销售，简单地展示而已。并没有起到开发区域市场、管理区域市场的作用。

门市部充其量只是一个批发店铺，经理只是个导购员。而且即使在一级市场所在地，各饰品终端零售的网络管理体系还是没有建立起来，二级市场更是空白。就全国范围来看，至少还有一半的一级市场甚至连门店也没有，市场还处于未开发阶段。因此分销网络的覆盖面、渠道的种类、渠道的宽度都存在着不少的问题。

在对现有的客户管理上，好时光也处于非常初级的阶段。从调查情况看，各门店基本上只保留了一些经常来往的客户的电话号码、名字而已，门店接待的有消费者、批发型客户，也有零售商。

但门店并没有对他们进行有效区分并建立渠道区隔进行保护，而是采取了简单的生意模式进行交易，即按照当次上货量的大小决定每一个顾客或客户的价格折扣度，对他们在渠道中扮演的是零散的消费型顾客还是中间商，是零售商还是批发商不加区分。这样就严重挫伤了许多中间商的积极性……

图9-5 好时光的客户管理能力还处在初级阶段

于是专家组认为，无论从外部环境还是内部资源看，在现有的好时光流行饰品业务体系内进行连锁新渠道运作的条件都还不成熟。如果直接转型做品牌，公司损失可能更大。

现有的模式无论从外部的市场、竞争的状态还是内部的深化改革来看都有很大的成长空间。因此，好时光应该在未来的两到三年里将主要的资源放在对现有的批发渠道的深化改革上：即通过对现有的分销网络进行改造，将开放的网络逐步改造为半封闭、封闭的可以管控的网络，通过网络的精耕细作、管理的升级改造来支持好时光的品牌化转型。

高档次的品牌如果在有机会的条件下，可以在体外作为投资行为进行。特别是如果法国等国家如果有相应的品牌，可以考虑并购模式进行。

彤老师特别指出：要关注好时光目前存在的对品牌的认知误区，重点进行纠正疏导。并不是只有做高档的市场才能建立品牌，大众市场同样可以建立大品牌。可口可乐就不是一个高档定位的大品牌，它面向大众的战略就是要让所有的人都能买得起。

但是也要知道做高端品牌与大众品牌的方式方法及其所要求的资源条件都是不同的，这种差异在形象类产品的表现更为突出。而从现有的好时光的资源条件看，做一个大众品牌应该更合适。专家组坚信，通过对现有的好时光品牌的改造提升，同样能打造出一个响遍中国乃至世界的名牌。

结论一抛出，如平地起惊雷，会场马上就变得热闹起来了。与会人员立即分成了两派。

许爽是个反应非常快的人，她首先觉得专家组的工作态度很好，敢于否定自己委托项目的初衷，就事实说话，这是一个对企业负责任的专家组。因此，她没有直接表明自己的态度，而是先提出了几个问题。她要搞清楚专家组下这个结论的依据是什么，毕竟她觉得这样一次交流还需要消化。

许爽悟性极高，敏变能力也很强。只是寥寥数语，她已明白专家的意思，于是马上站到专家组的这一边了……

图9-6　对现有的品牌进行改造也能打造世界品牌

而许力则和往常一样很难与许爽达成一致意见，他怎么也不能接受专家组的建议。因为在他看来，事实胜于雄辩，他在杭州匆忙开的那家启用新品牌、定位相对高档的零售专卖店生意非常红火就是一个有力的证明。

虽然小店开张不到一个月，但每天的营业额都在两千以上，好的时候甚至五六千。许力知道，开店贵在于守，这家店才只有1个月都不到的时间啊，再过几个月，形势可能会更好。而且河南的、青岛的加盟商都谈得十分顺利，他们着手的店铺马上也要开张。这么好的形势摆在眼前，怎么能说公司做高档品牌的条件还不成熟呢？

许力特别搞不懂的是不做新品牌，而是要把现有的好时光品牌培育成中国名牌的思路。他成天混在经销商群里，知道自己的产品虽然高档的店堂里有，但地摊上也不少。好时光品牌已被投机的小贩们搞得乱七八糟，要提升这样的品牌谈何容易啊？！

当然许力也不反对对现有的批发型渠道进行深化改造，但在他的心中，这个渠道只是用来赚钱的。现在这个渠道在大城市已经萎缩了，一旦渠道的利润薄到已经赚不到钱了，就得抛弃。我们为什么不能用两条腿走路呢，有句经典的老话不是说不能把所有鸡蛋都放在一个篮子里吗？他就是难以理解专家们的结论。于是许力将自己的看法一一抛出。

图 9-7　我把新品牌做出成绩给你看

许力的观点一提出，便立即得到了几个门店经理，特别是几名从基层做起来的部门经理们的认同。

一方面，他们明显地感觉到近年来生意越来越不好做了，新品牌（商标型的）每天都会冒出来。这些新生品牌专门挑好时光畅销的产品款式做，而且价格上便宜很多，因此客户不断地被拉走。

另一方面，公司的业绩指标年年攀高，他们觉得自己已经非常努力了，但是要在这样的状况下让他们再弄出个大名堂来，真的很难。

当然这些经理们也觉得专家组关于新品牌的资源匹配问题分析得非常客观、很有道理，但如果不是从新品牌上抓业绩，而是仍然从老渠道上做，他们心里真的没底。专家组说的什么渠道封闭、渠道下沉、渠道结构、O2O 等术语听起来确实很新鲜，这些新策略都是基于现有的渠道进行的改革。这么说，不就是我们现在的渠道做得不好吗……

尽管这些经理们也知道现有的做法确实有问题，但他们觉得问题还没有超出正常范围，应该说主流还是正确的嘛。再说，一个客观的事实是好时光这几年利润率虽然在下降，但销售额还是在增长的，靠的就是这些方法，否定现有的方法是不是在否定我们的历史呢？

经理们不清楚专家组所说的变革对自己究竟意味着什么？一旦实施变革了好时光会变成怎么样？他们还担心这些专家对这个行业不够了解，所以，他们提出的改革方案，特别是渠道下沉、深度分销的改革模式是否适合自己的行业、适合好时光？他们担心变革会把好时光弄得越来越糟。

这些专家们弄不好，可以拍拍屁股走人，而他们则是要靠这个企业吃饭，甚至养老的……

于是，会场上硝烟弥漫，许爽与许力各代表一派，各执己见，据理力争，辩论得好不热闹。

案例思考：
如何理解专家组在好时光现有的基础上进行品牌化改造的战略规划？

案例解析

分析一个论点是否成立，关键是看其所依据的论据是否充分。而本案中，专家组的意见是建立在辩证的哲学思维上的，这就是：关注条件的变化，匹配的才是最优的。

● 有争论未必是坏事

在面对一个新的改革建议时，许爽与许力表现出了两种不同的思维方式。许爽比较敏变，她能够打开心门去拥抱一个新的思想。即使这个思想与她原有的想法可能差异比较大，她都能把既有的思想先扔在一边，耐心地去听取新想法的逻辑思路。这是有格局的企业家所特有的一个素质，也与许爽的性格有关。

许力的性格热情直爽，叛逆精神更强些；许爽则相对稳重内敛更顾大局。两人对市场的悟性都非常高。相对来说，许力一方面因为年轻而比较冲动，易走偏激；另一方面又比较主观、自我，爱钻牛角尖。

许爽更容易吸收他人的观点。从事业的发展来说，这两种性格的人在一起做决策，当然是一个非常好的组合。同时，许力毕竟是当小的，从小跟着姐姐，因此在关键时刻，决策基本上还是听姐姐的，这也使得许爽的改革创新思想能在企业的发展中成为主流，而这显然对企业是有利的。

本案中许力不容易接受专家组的建议，自有他专业知识上的欠缺，也与他的性格有关。就性格来说，两人没有对错。就他们决策的方式来看，提出观点，表达怀疑，才有两种意见的辩论，而真理往往愈辩愈明。会场上出现了两种意见，并且能够争论起来，也恰恰反映了这个企业的文化是健康的，这个企业的决策程序是民主的。

● 当下正确未必就是正确的

仔细分析许力及与他看法一致的业务经理们的观点，及其背后的思维逻辑就会发现，支持他们论点的思维方式存在着问题。

许力和业务经理们的依据是："现有的企业发展的事实证明了这种模式是成功的"，而这种不问原因的以既有发展成果来论证现有模式的正确性的思维方式是有害的。

因为，任何一个战略或者策略总是与一定的条件相匹配，当条件发生了变化，战略模式也得做出相应的调整。现有的成功只说明了现有的已经执行了多年的战略与原来的条件是相匹配的。但今天的条件是否还是当初创立这个战略模式时的条件？

如果主要条件已发生了重大的变化，战略模式就得改。如果没有大的变化，战略就是一个在管理上精耕细作、深化理顺的问题。

那么，什么是一个战略模式的条件？这与专业密切相关。本案专门讲品牌营销战略和策略，因此我们探讨的就是品牌营销战略和策略的模式条件。

其实，这在案由中已作交代，专家组做的报告是在内、外部环境形势分析报告基础上的品牌营销战略和策略报告。

专家组为什么要不辞辛苦，花费数月对渠道、竞争、宏观环境、企业技能、需求性质等九个方面进行全面深入的研究调查呢？因为这些因素都决定着或影响着企业的品牌营销模式的变革。所以，专家组的研究报告都是在回答这些问题：品牌营销模式的决定因素（条件）是什么？现有的策略（模式）与原来的条件是怎样匹配的，而今天这些条件又发生了怎样的变化？变化的程度如何？为什么必须要进行模式变革或者对现有模式进行深化改造？

专家组也只有用建立在这种基础上的分析和交流才能更容易地被客户方接受，而不是简单地否定企业的过去。因此条件论实际上是一个辩证思维观，如果一个企业家具备这种看问题的方法，他就容易接受新的思想。如果一个企业的文化以这种文化为主体，那么这个企业就拥有了持续发展的智慧源泉。

但是，现实生活中，大多数的企业经营者和职业经理往往因忙于经营管理而缺乏这种辩证素养，企业文化往往因为既有模式的成功而变得僵化保守，企业持续进步的动力也因为以往的成功而渐渐衰退。这种倾向一旦在企业中蔓延开来，对企业的发展就十分有害了。

我们知道，从哲学的角度看，每个事物都内含着矛盾，矛盾是由两个方面构成的，这两个方面互相对立又互相排斥，由此推动着事物向前发展。相互对立意为"一分为二"，这是矛盾双方互相冲突、互相排斥的一面，它的表现形态往往是不协调的、对立的、斗争的，但同时矛盾双方又是互相吸引、互为需要的，只有两个方面共同存在、互相依存才有这个矛盾的存在。这是矛盾双方的"合二为一"，这是对矛盾认识上的辩证法。

例如在经营的竞争中，我们碰到强劲的对手，一方面他让你很难受，你希望胜过他；但另一方面也应看到，正因为他在与你对抗，使你调动起所有的精神、资源，寻求创新变革来打赢他，所以你才进步得那么快。

而从矛盾发展的过程来看，这两个方面在不同时期的主导地位是不一样的，一段时期可能是你死我活的冲突、排斥占主导地位，另一段时期，可能是相互依存占主导地位，双方需要联合起来，否则矛盾双方都要面临着被新的替代品（如高铁与飞机的竞争）超越的危险。而决定是以排斥为主导还是以依存为主导，主要取决于当时的条件。这就是矛盾论。

案例中，专家组提出的改革战略，实际上是对原有模式的改良，是一种精耕细作、一种深化和完善，并没有对模式进行深度变革。如果直接进行新品牌的连锁零售项目运作，完全抛弃原来的模式，这样一种变革是一场革命，需要更多条件的支撑，而这些条件企业目前还不具备。因此专家组认为条件不成熟，还要再等等。

其实撇开结论，许力及其同观点者的论据本身与专家组的观点并没有本质上的冲突，其之所以把这个改革也称为模式变革，并力行反对，是因为他们看问题眼光的局限、对事物的敏变能力不强、思维方式中主观倾向明显、爱钻牛角尖，以及立场、利益等因素所致。

● 情怀再美好还得立足于竞争现实

本案中，许爽与许力还有一个认识上的误区，就是以为只有走进精品路线，销售被贵族们所看好的高档产品才能称得上是品牌。结合本书第一章开始描述的许爽和许力做品牌的梦想初衷便可以发现这个存在于他们头脑中的思想。这是一种人性的需求。许爽和许力姐弟进入高端市场的决策，其实是满足自己的心理需要。

但竞争必须面对市场、面对现实。参与市场竞争，必须尊重市场价值规律。现实中，好时光的综合能力尚不足以支撑得起做高端品牌的愿望。实现这一愿望，至少有几个拦路虎需要破解。

第一，破解对好时光大众型偏低端产品的品牌印象。

实际上，任何一个市场都有不同档次的需求。物品自然也根据人群的区隔而分成三、六、九等。人往高处走很难，需要付出很多艰辛，人往低处走则容易得多。

产品也一样，进入市场时产品可能品质差些、价格也低些，对应的是相对低收入群体，但是它与这个群体的需求是吻合的，所以卖得很好。而被这个低层次的群体接受后，再想往上爬就很困难了。

这与这个品牌的初始定位有关。它已在市场中形成了历史积淀，修改它自然比在白纸上绘画要难得多。如果心气平和些，逐步往上一点一点地走，如同蓝领变成个白领,白领变成个金领,金领变成为白金领,可能会容易些。这是因为产品的物质表现形式容易学到,难的是学到品牌的魂。

第二,破解好时光特质中的平民化DNA。

品牌是什么?品牌不单单是有产品这个形,更重要的是有一个魂。比如,高档品牌是属于高消费阶层的,这类人群当物质生活得到满足后,在精神生活领域追求的就是得到社会地位,这种社会地位在品牌上就表现为"贵族性"。

"贵族性"就是内含在高档品牌特别是奢侈品牌里面的"魂",而这种"魂"的打造不仅需要企业的技术能力,更重要的是企业文化的支持。

一个充斥着小农经济时代思维惯性的企业或者一个以急功近利的商人心态为主流文化的企业是锻造不出具有"贵族魂"的品牌来的。所以对好时光来说,要从一个平民品牌跃升为高端品牌,困难不仅在于他们的物质性条件,还在于他们的企业文化。

品牌文化决定于企业文化,企业文化的改变需要很长的一个过程,而且它总是滞后于企业的经济实力的发展。一个长期从事平民产品生产的企业,其公司文化就是平民化的,很难在它完成初步资金积累后就马上培育出一个贵族品牌。

但大品牌与市场选择没有直接关系,平民市场也能孕育出大品牌。虽然它不一定具有贵族气质,但它的市场容量足以支撑它成为一个大品牌,一个让贵族品牌不能小觑的品牌!因为它占据了比贵族品牌更大的市场,更有笑傲江湖的资本,在行业中更有话语权,而这又是哪位企业家能拒绝的呢?所以并非只有阿玛尼才是品牌!

● 富贵了更要回归商业的本质

本案中还有一个问题是,许爽靠天生的悟性感觉到品牌与渠道很有关系,看到现有的批发渠道因为难以控制而不适合进行品牌化的运作,因此谋求建立新渠道来运作新品牌。

在这里许爽的本意是要建立一个真正的品牌,品牌是目标,渠道是手段。至于品牌名称是叫好时光还是叫别的名字,这是次要的,它取决于哪个名字更容易达成建立品牌这个目标,并且最有效率。这就是说好时光的需求表现与许爽表面上的需求有不一致的地方。表面上许爽似乎需求的是用新品牌来做新渠道，而实质上需求的是一个品牌。再进一步说，为何需要一个品牌，是为了企业的持续发展。企业的本质是什么？是商业活动。通过创造价值来获得发展。

但是这个问题，在许多企业那里，现在不是越来越清楚，而是越来越糊涂了。因为第一阶段创业成功积累的第一桶金，就为第二阶段的再腾飞创造了很好的物质基础。富贵了后面跟着的往往是骄傲自大了，乱投项目，将美好情怀在投资决策终端的比重升格得太高，最后忘掉了商业的本质，于是遭遇破产倒闭的企业司空见惯。

所以，作为一个专业的"外脑"，应坚持第三方客观中立立场来看问题，不能附庸买单者，不能做金钱的奴隶，始终为委托方站好清醒理性看问题的岗，这是一个专业咨询师必须有的职业操守。在咨询过程中，咨询师不能简单地根据委托者的主诉来直观地判断他的问题。就像一个医者面对皮肤出现红斑的患者，应该考虑到实际情况可能这个皮肤上的问题是发于表，根于内。因此，要想治理好皮肤上的问题，就应彻底解决深层次的脏腑疾患，而不是头痛医头，脚痛医脚。在审视问题时，不能就事论事，要纵观大局，辩证地、系统地看问题，把握本质需求，这不仅是方法，也是价值观。

在这个项目中，专家组通过研究后发现，服从于好时光获得最大程度的发展、最有利的发展路径并不是如项目委托时许爽表面要求的那样——创建一个连锁专卖新品牌，而是通过对既往渠道的改造来提升老品牌。直接打造好时光这个品牌比创建新品牌更适合好时光的发展，其主要路径就是改造现有的渠道，因为渠道是支持品牌升级的重要手段。

那么，渠道对一个品牌运作的影响究竟是怎样发生的呢？

深度学习

渠道与品牌定位的匹配

以顾客购买行为为起点的分销网络设计，将替代以产品特性为基点的渠道模式选择，因为产品的定位必须与顾客购买行为相吻合，而不是相反。正在流行的全渠道新零售的思维模式就是如此。

简单地热衷于"总代到地包"的分销推进，不如逆向考虑一下目标顾客到底是怎样在终端消费、如何消费，免得找错了渠道，不但多花冤枉钱，还可能坏了大事。

品牌的定位决定了营销的基本策略（指的是 4P 策略，非战略），所有组合策略的基础都决定于此。那么在分销网络设计中应如何以品牌定位为原则进行渠道的策略设计呢？

两种不同的分销渠道设计起点

传统的分销网络设计时考虑的出发点就是产品，以产品的特性为基本点进行渠道模式的选择。

比如产品按照物理属性归类到相应的渠道里：奶制品就归类到副食品渠道，家电归类到五金家电系统。又如，容易变质的产品选择短渠道，价值大的产品选择短渠道；价值低、价格低的产品选择长渠道等。渠道层次常常是从省级代理商到地区经销商到县镇经销商。

这种分销设计是建立在物的基础上的，完全忽视了顾客的需求差异，适应于供不应求的时代。因为在解决从无到有的过程中，制造商关注的是如何生产出性价比高的产品，然后通过自己可以掌握的尽可能多的分销手段卖出去。

当代分销则以顾客购买行为为研究的起点，研究目标顾客群体经常接触产品的销售场所在哪里，分布的特点是什么，目标顾客与它们的接触特点等，由此找寻出有效的终端。

这就直接把我们的视角带到终端，从而与传统的分销设计区别开来。

品牌需要以用户行为为起点进行分销设计

寻找目标顾客群体出没的所有终端。如大众消费的软饮料，就应该将产品分布到所有的便利小店、超市、食品商场、娱乐场所等终端；

确定目标顾客群体与终端的接触特点，必须按照顾客的购买行为进行深入细致的渠道划分，媒体即渠道贯彻到底。也就是说现在的顾客如何产生购买行为、通过哪些渠道获得初步信息、哪些推进决策认知、哪些最后下单？渠道非常多。像抖音、头条、知乎、小红书等新媒体也成为渠道的一个部分。

因此，企业建立渠道的过程本质上就是研究用户行为的过程。用户行为研究得越透彻，渠道的了解就越准确、全面。

另外，在一些行业，有许多对用户购买行为产生决定性影响的渠道环节不是销售场所，他们表面上不经手钱与物，但事实上他们是与最终用户交易的一个关键性环节。

如钢结构等建筑产品的销售大多是由设计院来决定的，传统模式下医药产品的销售大多是医生来决定的。设计院与医院本身都不是销售场所，不经手钱物交换，但却在事实上决定了销售行为。

越是复杂性高的产品，顾客购买的决策风险大，专家意见就越重要。

替代品越多的产品、品牌越多的产品，专家的意见就越重要。

这是如今网红直播盛行，企业家网红带货效果好的重要原因。

在传统的分销设计中，不把这种归类到分销网络。但是，以战略分销的观点来看，决定渠道的关键环节是看其对目标顾客产生的影响力。因为电子商务的盛行，交易变成唾手可得的事情。因此，媒体即渠道，KOL即渠道。如果影响十分重大，就不能忽视这个渠道，应建立专门的渠道进行管理。从这个角度看，当今时代的战略分销中，所纳入的渠道广度要比传统的渠道大得多。

以目标用户的购买行为为研究的起点，不仅是发现渠道的过程，更是创造渠道的过程。由于用户的购买行为是变动的，因此，渠道也会跟着用户的需求而变化。如传统的药店只销售药品，但当药店星罗棋布后，它就带有明显的便利店性质。人们进入药店就可以顺带购买其他便利品，如化妆品、功能型保健食品。

互联网带来渠道的最大变化除了上述媒体即渠道（媒体也成为渠道），渠道的多样性增加外，还有一个特点就是让渠道层次缩短，从厂家到消费者的通路缩短。今天的互联网电商平台已经基本上去中间商化，即使有中间商，更多的是一个层次，或者厂家自己不做销售，直接委托代理运营。

而拼多多之类的拼购类电商、会员制电商、社区团购电商和内容电商齐头并进，则是不仅直接去掉了中间商环节，而且发育了大量的C2C，出现了线上线下融合的新零售模式。

全渠道并不适合所有品牌

产品营销时代，公司对分销网络终端的选择设计主要考虑的是渠道的经济性、渠道的可控性、消费者购买的便利性三个条件。但品牌化营销下，品牌对渠道的选择更应该考虑顾客的心理。所有顾客在决定是否购买一个产品或服务时，觉得这个场景与他（她）内在心理需求的特质相吻合，他（她）就愿意去消费。从企业的角度看，就必须去营造目标顾客所需要的销售场景，进而在网络布局上也吻合购买者的心理需求。

渠道终端的密度、广度与深度的设计都应考虑如何保证目标群体的心理需求。显然，任由经销商将新兴产品打入任何可能的终端，让一个定位高端的品牌既出现在高档商场的精品专柜，也出现在杂乱无章的地摊，企业又没有任何统一的形象规范要求，自然不能带给人们价值感。因此，现在广为流行的全渠道还是要慎重考虑。

简单地说在分销网点密度上，一定要按照品牌定位来布局终端，维护品牌价值。一个高定位品牌如果像可乐的渠道策略一样"随处可见"，那对购买者的心理打击就更大了。设想一名企业家千里迢迢地从美国带回一个打火机给他的朋友，他会说，这个东西是美国带回的，家门口没有卖的。打火机并不昂贵，昂贵的是"家门口没有卖的"。渠道的密度应与目标顾客的心理需求吻合，过密的分销网点可能会增加销售收入，但从品牌看也许会削弱品牌的价值，如此就要不得。所以渠道数量不是越多越好，全渠道并不适合所有的品牌。

CHAPTER10

第十章

无培训不品牌

争论的结果是中国式的中庸。

以彤老师为代表的包括许爽在内的意见是在三年内将好时光打造成为中国市场性价比最高的流行饰品第一品牌。支持品牌的路径主要是：在保持经营模式和营销模式基础不变的情况下，除了继续深化生产管理体系改革，提高产品质量和生产规模，增强对细分市场的研究能力，针对不同的细分市场，开发不同的产品。同时对渠道模式进行深度改革。

首先是扩大区域市场，增加分销网络的覆盖范围。要充分考虑到中国流行饰品市场发展的不平衡，制订不同区域的、差异化的营销方案，将区域营销作为公司未来三年发展的市场主战略。

具体来说，对于处在发展初期的市场，以直接扶植培育零售商为首要目标；对于发展到一定程度、经销商实力规模达到一定水平、已出现寡头竞争局面的市场，以将批发商改造成具有现代企业体制的、能够赋能终端的代理商为主要目标。

其次是调整渠道结构。在重点一级市场发展对零售商的直接控制系统，建立二、三级市场的区域代理系统，利用这一级市场的辐射拓展四、五级市场。

同时对门店进行业务型改造，将纯粹的营业性质的门市部改造为区域销售机构，建立起新的业务系统，以增加对市场的拓展力度。对渠道价格管理及客户管理系统实施改革，对零售商、批发经销商与零散的消费型顾客实行有差别的价格体系。

对于许力的新品牌，通过许力和经理们的强烈坚持，同意继续在公司现有体制内运行许力的新品牌零售连锁项目。但是今年仍然以试点形式进行，尽可能先研究出新品牌单店的有效盈利模式和管理模式，然后再进行全面推广加盟。

会议确定，姐弟俩仍然按照目前的分工，分别带队进行各自项目的拓展。

会后，许爽立即命令李阳组织人员拟定行动计划，将策略转化为具体的可以实施的行动方案。特别是针对渠道系统设计新的政策。

图 10-1 制订差别化价格体系

李阳带着几个业务骨干琢磨了好几天，还是琢磨不出这个渠道转型的工作到底该如何开展。

李阳觉得如果创业之初就搞渠道封闭可能比较容易，但现在渠道都已经乱成这个样子了，该从哪里入手呢？要知道从前这些经销商随时都可以做好时光，而且每次都是根据当次的进货量来确定折扣率的，这样他们来去自由，可以任意选择一家进货。而现在改成论身份了，每个客户都被规划到一个对应的级别，什么级别就拿什么级别的价格。每个级别还都要有销售指标，达不到就要被撤销或转到下一级。这样做代理经销商们固然高兴，但是从他们那里拿货的二级特约经销商就会受到打击，他们会不会产生抵触心理呢？

毕竟二级商大大多于一级商，如果他们联合起来向零售商散布好时光的负面信息，也会大大影响企业整体的销售啊！如何能最大限度地调动经销商们的积极性，又能有效地进行管控？

另外，一级、二级、零售身份的客户界定标准究竟该如何设计？是否仅按照他们去年销售量的多少即可？

分销网络要靠业务人员去开发，而好时光历来缺少的就是业务人员，并且如何处理这些新增的业务人员与现有的门市部的隶属关系呢？

李阳发现，确定渠道管控的战略方向比较容易，通过讨论，这个新思想很容易被大家接受，但是要实施这个方案，问题暴露得越来越多。

图 10-2　策略方案已经提供了解决方法

没办法，李阳只有打电话给彤老师，将自己的迷惑告诉她。

彤老师一听就乐了："你所关心的这些问题方案里全有啊。"然后就具体指出大概在哪一段。

李阳听了，觉得怪不好意思的。自己确实太忙了，忙着给老板做汇报，忙着拿出这个执行计划，对专家组方案的消化实际上还是很不够的。毕竟自己只听了一遍，再阅读了一遍。

听的时候、读的时候虽然能懂，能理解，但并不代表着这些方案中的思想都已经内化为自己的思想，这就是能读懂一本书和能讲述一本书的差别。由于消化不良，自然再将这个策略转化为行动方案时就感觉无从下手。

而且李阳觉得自己不仅是消化不良，执行力也不足，因此很想请彤老师给自己再进行一下深度培训。

图 10-3　让经理们一起回来参加培训

李阳的想法得到了许爽的支持。许爽想既然要再做培训，就趁年终各门店经理回来时一起做。他们是这套方案的执行者，他们要是不理解岂不是什么都白搭了。

而这边彤老师通过与李阳的交流，明白了要保证这套方案能贯彻下去，专家组不能仅给出方案，还要想法把一个干巴巴的策略思想变成一本生动的教科书。为了让大家充分理解，需采用情景模拟教学法。虽然为了这个教学法，彤老师需要做很多额外的工作，但为了项目顺利实施，彤老师觉得必须要承担这样的付出。

于是彤老师专门为这次课程制作了一个连环情景案例，角色的主人公是一个门店（门市部）经理。案例讲述了这个经理面对着混乱不堪的渠道现状、客户的抱怨、上级实施改革的指令和要求时，他是从何入手的。包括区域政策如何下达、客户沟通如何进行、客户档案如何建立、业务拜访怎么做、网络布局该怎么设计等。

图 10-4　分几个小组进行案例讨论

　　彤老师把参加听课的经理们分成几个小组，让大家在课程中拿出自己的解决方法，各小组以竞赛的模式展开案例讨论。每个小组都必须提供足够的论据来支持自己的观点，没有论据就免开尊口。而论据本身如果站不住脚，观点自然也就不成立。每当学员回答问题时，彤老师总是帮助学员按照他们自己的思路去发展，进而发现问题。整个教学中，彤老师主要是起引导作用。

　　彤老师说这是因势利导、穷追猛打的教学方法。目的是要大家真正地认识和解决问题，厘清每一个操作环节，而不是得出似是而非的结论。因为这次培训是技能课，不是观念课，所以参与者理解得越准确，方案的执行就会越到位。而每次讨论完毕，彤老师都会对讨论进行一个综合的点评。分析每一个小组的思路哪些可取、哪些不行，原因何在……

　　上课的过程特别有意思。三天课结束，包括李阳在内的所有参与听课的人都感到收获很大，而且课堂气氛十分活跃，一点不累。

　　大家觉得从来没有听过这么实用又生动的课程，因此公司上下都十分赞赏彤老师。这些传到许爽的耳朵里，她的感觉也很好。这说明自己的眼光是准确的，选择彤老师没有错啊!

案例思考：

执行品牌方案，最重要的是什么？如何通过培训提高品牌项目的执行效果？

案例解析

● 宋卫平为何说"唯有培训方有企业"

前段时间，笔者给宋卫平先生的蓝城集团全国区域分管市场和服务的老总们培训，走进蓝城的培训室，看到墙上赫然写着："唯有培训方有企业"。培训的确很重要，但第一次看到有企业把它提到如此的高度。蓝城人是怎样理解这句话的？

宋卫平先生是在绿城的基础上创建蓝城的。绿城风风雨雨几十年，带给宋先生的最深刻的感受是什么？是他的品牌。如今绿城的品牌溢价高出那么多，以至于碧桂园到杭州打市场，非得找绿城这样的品牌企业合作，才能卖出好价格。

而今，当宋先生再度出发，经营蓝城的时候，他选择了一种轻资产的靠品牌输出的模式，短短几年已经发展到如此巨大的规模，依靠的就是品牌。宋卫平的个人品牌赋予了蓝城品牌，而蓝成品牌如何落地，将策略执行到位，关键是靠培训。

所以在这次为蓝城提供的两天培训里，笔者也充分体会到集团对培训的高度重视。

首先集团负责人力资源的喻总是宋先生从绿城带过来的高管。蓝城的人力资源总监亲自找我聊，目的是考察我的理念与蓝城是否吻合。

她说宋先生十分反感过度营销，甚至都不允许公司用营销两个字（显然宋卫平先生对营销的理解是促销），他强调一定要用服务理念替代营销理念。做好客户关系，做好客户服务。因此此次选择讲师，首先不考虑行业内的，他们的思想大多已经固化了。其次也不只是名气大，一定要与宋卫平的理念契合。而喻总发现我的思想与宋先生的所思所想高度一致，所以最后的这一期培训任务就交给了笔者，结果也非常圆满。

从蓝城上下对培训的重视足以看到一个优秀的品牌公司，是如何重视培训对品牌执行的重要性。为什么会如此？

因为公司品牌的创建，与传统的产品品牌创建区别很大。产品营销阶段，企业的品牌主要是通过企划部，或者外包给专业公司，想出一个妙主意，然后通过主流媒体去传播。销售人员与企划人员是两张皮，关联度低。

当决定进入公司品牌创建后，公司人员接触到的所有对象，无论是供应商还是用户，媒体还是政府人员，无不是品牌的影响因子，尤其是社会化营销时代。因此品牌的素养、按照品牌形象要求做行为策划和行为管理，都是品牌的输出。如此如何按照品牌系统规划的要求，进行统一表达是创建品牌的关键。所以可以说，没有培训就没有品牌，影响品牌方案执行与落地的最关键成功要素就是培训。

◉ 品牌培训第一课：品牌规划方案

本案中，好时光品牌创建的第一关就是品牌方案的消化。前面我们说过，品牌创建是一个自上而下的过程，前期必须做一个系统的规划，靠想到哪儿做到哪儿的方法是行不通的。

好时光考虑自己对品牌不专业，因此找了专家来帮忙。但专家组花了几个月辛苦呈现的规划系统方案单靠几次阅读，或者几次培训就以为万事大吉了，大家就懂了，就会按照这个方案去执行，那可是太天真了。

为什么？

这是因为学习者的阅读和培训会受到许多因素的干扰，继而影响消化与吸收。

第一，执行者的心态。他们是否完全地接受、信任，愿意全面、完整地执行方案就很关键。如果对方案带着随意性选择执行的心态，那就意味着方案在执行前就已经失败了。因为公司品牌营销模式的创新非常强调系统。战略改革是个系统工程，需要各个方面的协同配合。所以将所有员工的心态调整到：企业必须创品牌，不创品牌，没有前途。要有破釜沉舟的勇气，要完全统一的信念，这是基本点。

第二，执行者知识素养的不同也会大大影响对品牌战略系统方案的解读。一般来说，战术方面的创意很具体，因此容易理解。但创建品牌建立的闭环，从战略到组织的方案是抽象的。尤其是战略部分，给阅读者留下许多可以想象的空间。再者，阅读者本身的知识经验也会渗透到理解中，从而使不同的人对同一个战略有不同的解读。

第三，受阅读者自身利益的影响。因为大多参与阅读的人本身就是执行者，那么他在诠释这个战略时就会结合自己的利益导向。正如本案中的李阳由于受到许爽指令的影响，工作重心不是放在消化执行这个战略方案，而是放在当年的年度销售计划上，因此其大量的工作精力围绕着销售量的分解、销售政策的制订而展开，无法给新战略的消化理解留出足够的精力。特别是许爽虽然认同了新的战略，明白了渠道与市场管理的重要性，但在具体操作中，她对销售量、利润的关注度（即对近期利益的关注度）超过了对长期利益的关注度。她仍然要求李阳在销售增长率上保持高速度，没有给李阳留出新战略组织执行的精力和时间。而李阳必然会优先满足老板的直接需要，因此也就自然而然地忽视了对新战略的执行。

由于上述这几个因素，好时光项目的解读做得就大打折扣。思想没有被充分消化，执行后出现问题也就是必然的了。

所以，公司在完成品牌战略到组织体制设计系统规划后进入实施阶段，要提高落地效果，第一步就是要针对咨询成果做好培训。

◉ 培训效果是落地的关键

大部分公司最头疼的培训不落地问题，其主要原因是因为培训师不了解企业，输出的培训课程不是量身定制的产品。

但是在好时光项目中，丹焱咨询的培训是为好时光量身定制的好时光品牌创建解决方案，这个针对性很强，所以这方面不存在问题。

那么问题在哪里呢？

问题主要发生在咨询战略策略报告都比较抽象，员工消化接受是有难度的，所以需要将其转化为感性的培训教材。这里就存在着一个从咨询报告转化为内部培训教材的过程。

好时光项目中，彤老师通过将咨询报告与培训课的课程设计方法结合，创立了一个新的咨询报告培训方案，可以称为咨询式培训，这个效果就比较好。大家可以仔细体会案例中的表达。

当然公司创建品牌的培训是多种方式的，需要结合实际情况进行培训方法的选择。但现实中多数企业其实对培训是不够了解的。好多公司做培训，往往是一种应景的作秀。比如某些年终经销商大会，流程上为了热闹，或者体现企业的形象，会邀请老师来讲堂课。至于授课内容、水准却不是很在乎。其实这不是培训，是演讲。但企业人大多分辨不清楚他们之间的差异。所以要真正创建好品牌，还必须对培训这个工作专门了解学习。下面的深度学习部分为大家系统地阐述了不同培训课需要掌握的要点，对企业展开不同类型的培训课程提供操作指南。

深度学习

品牌创建中的培训方法及应用

区分演讲与培训

目前的培训市场课程主要分为两种：一种是纯粹的讲演式培训；另一种是训练式培训。两者的差异在于前者比较适合开大课，作观念型的演讲；后者重技巧，旨在培养学员的技能。

讲师在做讲演式培训时一般都比较重视收集一些国际、国内时尚流行的专业话题，然后结合自己的经验进行演讲。像一些很大牌的老师如吴晓波、罗振宇等的演讲，都不能纳入培训范畴。企业年终大会上的讲师所展示的，大部分也是一种演讲。

由于这种课程的讲师一般事先都做了精心准备，从观念的选择到知识结构的设计都比较大众化，容易为大众所接受。讲师一般都会用故事的形式在其中穿插许多的案例，使演讲十分动听，再配合讲师的一些动人的警句、激越的体姿语言，以及精彩的多媒体，演讲就会十分精彩。特别是一些心智激励方面的课程，本身属于哲学范畴，而人生观、价值观方面的话题留给讲师的空间很大，可以任其自由发挥、尽情夸大，使演讲十分煽情，参与者的反映往往特别好。

演讲是由演和讲构成。讲要口语化，切莫朗读朗诵，既然是讲，最容易打动人心的肯定是故事了，因此要将故事与观点融合，从故事引出观点。演是表演，表演必然是有些夸张的，通过饱和的情绪感染人，方能产生艺术效果，最后达到或振奋人心，或催人泪下的效果。

但培训不同于演讲。培训的培，是培养一种技能、一种习惯。培训的训是训练。训练是一种技能和习惯的养成。而培训老师通过传授一种新技能，让大家反复习练，达成消化。当然这种技能的形成，需要反复，因此课堂上不能光讲观点，必须准备相应的作业让大家来练习，没有足够量的练习的培训，效果是很差的。

培训的类型

虽然演讲与培训有着很大的差异，但是现实中，企业培训体系中经常还是用到演讲，并且将演讲也归类于培训中。而培训又分模板式与咨询式两种，因此我们的培训就有了三种模式。

模板训练式培训课就是讲师先设计好一套培训的模板，其中包括讲演、训练、游戏、案例分析等各种培训深度学习的使用工具，并按照预设的流程和讲授内容进行。这种课程，讲师的准备比较充分。

由于讲师设计一种模板针对相类似的企业展开，往往一套课程模板可以在比较长的时间和比较多的企业中通用。所以有许多讲师开发完一门课以后，就是背着行囊满中国跑，几乎全年无休。

咨询式培训则更强调企业个性化问题的解决，它强调以受训企业的实际情况、特殊要求为主体进行培训，培训的难度大大增强。

从生动性的效果来看，听课学员的需求越多越具体，对课程的内容限制也越多，讲师的自由发挥余地就越小。因此如果把演讲也纳入培训的话，那么演讲式培训老师发挥的余地最大，当然也是最出彩的了。模板型的次之。而咨询式培训就最难出彩了，但因为它切合企业实际，因此也是相对最实用的。

咨询式培训分三种：

第一种是工程类咨询课题式培训。这种培训，其实是依附于企业课题咨询的培训，是企业课题咨询过程中或者结束后的一种辅导型培训，因此大多是由咨询公司完成的。

一般的做法是企业就某个课题委托给咨询公司，如企业的品牌营销战略设计、营销管理体系设计、营销激励机制改革等，咨询公司在接受企业委托后进入业务流程。流程首先从项目调研开始，然后是策略设计—管理体系设计—培训辅导，培训是课题进程中的一个重要环节。

课题周期通常持续数月，咨询公司对企业有了充分的了解，并建立了双方认同的策略或管理体系之后才会进行培训辅导。因此，此类培训的个性化、专业性都十分强，是真正的量体裁衣式的咨询式培训。

第二种咨询式培训可以称为简单型咨询式培训，它是目前培训业采用得比较多的。由于工程类咨询式培训是在接受企业委托课题设计，并且咨询师已经对企业开展了长期的调研之后的培训，而这种课题的收费一般都在数十万元到数百万元，一些国际型的咨询公司甚至收费过千万，高昂的费用会令许多企业望而却步。因此，比较倾向于采取第二种做法：既有咨询的思路，又结合模板型培训的基本框架的培训，此种做法可以大大降低费用。

具体做法是：企业先进行系统的自我诊断，找出问题，论证问题的重要性，并决定用培训的方式解决，然后企业物色有本专业咨询经验，或者本身就是做本专业咨询的培训师对企业进行简单诊断，得出对问题的一致性判断。

为了节省费用，此阶段有时由培训师出题，委托企业所在地有相关资质的老师、咨询中介进行企业诊断。咨询培训师根据诊断报告设计课程大纲，交企业该项目负责人审议通过后再进行课程细节完善，并在预定时间授课。这种咨询式培训的特点是比较重视对企业的前期需求调查。

第三种咨询式培训是请咨询师到企业现场对企业进行咨询培训，因此可以称作教练式咨询培训。一般由企业受训人员在现场直接提出问题，然后培训师就该问题进行解答。

这种培训要求讲师具有深厚的理论功底和培训实战经验。有经验和理论功底的培训师能在现场就这些问题进行梳理和有序地讲解，并适时地插入各种其他知识点开展深度学习。

这种培训成功的关键在于该讲师必须是咨询与培训双料人才。如果仅仅是咨询师，对问题的解答往往过于严谨，无法超越企业个性化问题引领普遍性思考，感染力不足。如果仅仅是培训师，往往感染力有余，解决问题的深度与个性程度不足。因此，功力不足的培训师往往难以应对解答各种问题，或者干脆就是答非所问。

在上述三种咨询式培训中，工程类咨询式培训比后两种咨询式培训更容易取得实效。因为该类型培训完全建立在对企业的咨询实践基础上，按照咨询的方法完成对企业的全面诊断，并建立策略方法，而且培训师本身就是咨询师，在此基础上进行的培训必然具有十分强的个性化、专业化特点，所以实效最强。

品牌营销咨询式培训法

由于简单型咨询式培训具有成本低、操作相对比较简单、周期短的特点，又比演讲型培训更具个性化、专业化，因此多数企业比较喜欢采取这种模式。所以，我们特在此对其操作要点进行深度解析。

在品牌营销的简单咨询式培训中，关键是要把握好培训的前、中、后三个环节。培训前主要是需求分析，培训中是与学员的互动，培训后是对学员学习结果的测定，并进行复盘补充培训。

要点一：培训前做好与受训企业的互动，不仅是培训需求分析的需要，更是对客户进行正确培训理念教育的需要。

需求分析是咨询式培训的基础，如果在此方面做得不充分，会直接影响课程的实效。如果是内训，需求分析一般包括的内容有：

背景调查：受训人员的职业、行业、企业规模、市场特征、产品特征、渠道状况等。

受训企业营销当前面临的主要问题是什么？哪些是当前通过培训可以解决的？

受训企业期望的培训师是什么类型？能帮助他们解决什么问题？课程的风格有什么要求？

受训企业之前做过什么培训？价格一般是多少？对哪类老师的评价比较好？哪些老师不受欢迎？原因是什么？

在这过程中，应多与受训企业的品牌营销总经理做深入交流，决不能仅局限于人力资源部。并且交流过程中必须启发客户的培训意识，培育正视需求的观念。

一般不成熟的受训企业都有一个不太成熟的心理，表现在：希望投入越少越好；希望一次性解决的问题越多越好；希望参与的人员越广越好。如果确如其愿的话，这样的培训注定质量要大打折扣。其实这种意识是对培训工作了解不深所致，其出发点是为了要省钱，却忽视了培训质量。一般经历过几次培训后，企业才会意识到这个问题。

碰到这类问题时，培训师不能一味地顺从客户的要求，而应该正确地引导其看到背后的问题，如员工对培训的看法、培训效果的影响、实际产出的不经济等。应引导客户正确地分析自己的培训需求，抓住主要矛盾，建立培训计划，而不是想到哪，做到哪。因此，培训需求分析实际上是对客户的一个再教育过程，绝不能违背培训职业规则一味退让，这是一种对客户不负责任的做法。

要点二：咨询培训过程中要有互动、勤于观察，并注意多种培训手法的使用。

一是与学员要有互动，从开课的起始阶段就应该让学员明白本次课程注重实效的宗旨，欢迎学员互动，并且随时可以就不懂或需要重点讲解的问题提出要求，打断老师的讲课。但同时应告知为了保证课程的质量，对有些不便于当众回答或立即解决的问题，可以课后进行个别讨论。强调学员互动参与对学员本身学习效果的重要意义。

二是随时观察学员的反映，注意他们的肢体语言、回答问题的水平、反映的热烈程度、敏变程度等。当课程专业性过强时，学员可能会表现出松懈、倦意、眼睛无神等，这个时候应该立即讲些轻松的话题来调节或增加互动练习、游戏、案例讨论等。

三是多种培训手法的使用。一种培训手法用到底，很容易让学员生厌。一个好的培训应该是灵活的，可既有警句式或故事式讲演，也有实验和案例讨论、分析，还会有启发型的游戏、练习与默想等。

要点三：咨询培训课堂教学结束后要进行针对性地作业、二次回访培训。

目前企业培训一般都会注意对培训师的课程进行评价，通常是设计一个调查问卷，让学员填写对此次培训质量的认识和评价。但客观地来看，这种做法收效并不是很好。其原因是，它获得的信息比较粗浅，对下一次的行动只能提供方向上的建议，而不是具体内容方面的指南。其实，一个培训质量的好坏，主要是看讲师所要帮助企业解决的问题是否解决了，而这种评价是不可能通过一张千篇一律的问卷调查获得的。

最有效的方法是老师依据课程内容设计作业，让学员根据作业题回答。但作业题不能是简单的问答题，因为问答题一般适合测试知识型、观念型课程，而目前中国企业学员最缺的是技能型课程。技能只能通过实际操作训练形成、需要一个比较长的时段来完成。

课程结束后，学员应该将作业返还给培训师，培训师以此为依据进行回访培训的设计。在第二次培训中，老师通过讲解学员的作业中所存在的问题，使学员明确改进方向。因此，培训是个长期性的工作。

尝试做最有实效的咨询式培训

能否真正把握好咨询式培训，对许多人来说，还是个不太容易搞得清楚的问题。因此有必要再讨论一下咨询式培训的互动特色和个性化问题，以便为初涉这种培训模式的朋友提供更多的借鉴。

第一，咨询式培训的互动特点。

客户一般都十分重视课堂效果。由于企业缺乏对培训工作的系统评价方法，于是课堂效果就成为企业检验讲师水平的一个很重要的标志。因此，一个好的培训师，必须能在课堂上让学员满意。而这种满意度是近期的。达成这种近期满意的方法是让学员能真正地接受你的思想，这就需要通过互动。

咨询式培训的互动是让学员融入培训师的案例，产生代入感，自己去寻找解决问题的方法。

笔者一向认为培训最重要的是训练员工的工作思路，如果只是讲几个精彩的观点，书本上比比皆是。人们迷茫的往往是读了很多书，了解了许多新观点，但不知道在自己这样的条件下是否适用，因此常常出现跟风行为。流行终端为王时，大家都搞终端；流行执行力了，大家又一窝蜂地探讨执行力。问题发生的症结就在于不懂得如何将一般与特殊结合起来，如何融会贯通，因此，培训师的工作重点是指导这个一般与特殊转化的条件是什么。

譬如大家都说终端执行力是关键，那么这个观点对你的企业是否也适用呢，就需要具体分析。我们必须让学员明白真理与谬误只差半步，关键是认识这个半步发生的条件。为此，培训师就要为大家创设案例，因为只有在具体的案例中才能模拟出个性化的条件，而为了使培训更具有实效，必须将案例中所设定的企业外部条件与该企业的营销环境贴近，但又不能直接套用这个企业的背景，以防大家因此对号入座，反而因个人岗位上的过于个性的因素影响对事情的正确分析判断。

当学员在一个相对接近的案例背景中讨论问题时，思维更容易活跃起来，会立即把自己变成案例中的主人公，开始思考问题的解决方法。而在这个思考过程中，我们再将营销的新观点、新理论融入进去。学员的思维方法经过多个小组的碰撞，再经过培训师的启发，逐步厘清。最后培训师进行针对性地点评和总结，让学员明白自己的思维方式有何问题及产生的根源。

这种互动就是一种咨询式的互动。要进行这样的互动，咨询培训师必须先对企业有一定的了解。因此，事前对企业营销背景的把握就显得十分的重要，通常需要与其终端、客户、公司总部各部门都有深度的接触，以便写起案例来更容易把握住他们的要点。

第二，咨询式培训的风格特点。

在咨询式培训的课堂互动上，老师通常会十分的辛苦，他（她）得认真地听学员的解决之道，适时地分析其中的问题，并指出正确的方法是什么。

由于每次课的学员水平不一样，回答问题的能力、解决问题的方式都有较大的差异，因此做老师的必须随时做出反应。但反应的方式方法很重要，因为，不同的企业在企业文化上也有差异。有些学员所在企业的文化比较务实，这时你就可以大胆地进行评判，直接指出他们的问题所在。而有些则要格外讲究沟通艺术。

遇到企业文化比较务实的学员，咨询培训师是十分欣慰，甚至感动的。记得有一次在河南某药业做培训，课程中学员对问题的解决方法显然不对，而这个错误是企业本身结构性的问题所导致的，责任不在下层员工。这时，该企业的营销总监就站起来，主动地承担责任。

之后，我在许多企业讲课，都会提到这个总监、这家企业给我的感动。但有些企业的文化则比较务虚，喜欢听好话，而如果他表达的解决问题的思路又是错误的，这时就需要咨询培训师十分巧妙地提醒解决，避免伤害其自尊。因此，给这种类型的企业做培训比做其他类型的培训要辛苦得多。

品牌构建咨询式培训实战案例解读

由于咨询式培训是个比较复杂的工作，目前国内企业对此方面的认识比较模糊，所以，下面结合笔者做过的实际案例来讲解，以便读者更清晰地把握这种类型课程的特点。

杭萧钢构股份公司的咨询工程类咨询式培训

我们为杭萧钢构做的培训则是一次典型的咨询工程类咨询式培训。

那年初夏，我们应杭萧的委托，为他们开发分配激励机制改革课题。杭萧是我们的老客户，我们已为他们开发过三个课题，彼此都十分熟悉。此次改革主要是根据杭萧变化了的内外部环境，对三年前我们做的营销策略及管理体系的部分内容进行调整修改。整个课题研究在内外部人员一起参与下，经过多次讨论，多易其稿，历时数月终于完成。董事长、总经理、营销公司总经理亲自参与了全过程。方案的实施时间有两个意见，一是下半年，一是第二年的1月，难以决定。于是准备在6月底的公司半年度全国营销公司办事处主任会议上进行方案实施培训，看大家的反应后再说。

正是在这样一个背景下，我们为方案的实施设计了专门的培训计划。

这次培训分三个阶段。

第一阶段就方案本身的理解所进行的培训。由于本方案完全是针对杭萧企业营销系统的特殊情况来设计的，课题的专业性、个性化十分强。因此，就方案本身的培训主要是讲解，讲解过程中碰到方案中涉及的学员不大了解的一般理论背景，会适当地展开，引证一些案例；但也是点到为止。讲解的风格是严谨的。由于事关每个人的利益，学员都会认真听。这种类型的培训根本不用穿插任何的游戏或互动活动。

第二阶段就方案进行讨论式培训，请参与者就方案提出自己的意见。这种情况一般会采取对接分组的形式，即方案执行相关者组成一个小组进行深入讨论，提出问题，咨询培训师就问题进行解答。不能现场解答而又很有价值的问题就记录下来，课后进行研究，然后落实到方案中。但由于这个阶段已进入方案实施前的培训，其方案已经过多次讨论，因此一般不会有太大的新问题。当大家对方案本身已没有疑点时，就可以考虑进入第三个阶段了。

第三阶段的培训重在方案的实施转化，就方案的实施进行模拟演习。

这个阶段又包括五个步骤。

第一步，方案实施意义的教化。就像部队进入战场前先要做思想动员工作一样，我们也十分重视方案实施意义的教化。为保障方案的顺利执行，务必使所有执行者在观念上都十分认同此改革的意义。要尽量让所有参与者都讲出自己的心里话，让他们充分明白方案对每个人的现实意义、对公司的意义。杭萧这次改革方案表面上看是分配激励体制的改革，其实是一次营销策略和管理体系的改革，它对杭萧人才队伍的稳定、人才的职业发展、人才适应公司未来企业战略的调整都具有重大的意义。

第二步，心态调整。务必让大家充分做好思想准备，了解任何改革都是对原来既定习惯的打破，而人总是有惰性的，往往难以超越自己。因此，方案执行能否成功的关键在于每个人自己。杭萧的这套激励新体制本质上是将原来以办事处主任为核心的项目拓展机制改革为以项目代表为核心的拓展机制，发展杭萧整体的团队作战能力，因此，办事处主任在其中扮演的角色、所起的作用较以前会发生重大的变化。对于这些变化，有些人可能会不理解而不愿意执行。为此，我们必须清晰地告诉营销系统的项目总监、市场人员、投标办、办事处主任、项目代表，这个方案给你们带来了什么。必须让他们明确：它带来的不仅是可靠的可以长期积累的奖金体系、薪酬体系，更是一个事业发展的契机。

第三步，消除员工与公司利益的对立。我们会站在中立的角度告诉大家，改革同样是对领导者的一个重大挑战，每次管理上的改进，受到最大冲击的不是员工，而是高层。这套改革方案对公司意味着更大的付出。同时，改革成功也意味着大家利益的增长。

第四步，行动方案设计。我们再就参与者回到各自分管区域后如何将方案转化为行动计划的步骤进行设计，该设计必须包括主题、时间、地点、对象、具体进程、费用预算、效果评估等要素，这样使大家对如何执行该方案有统一的认识和统一的步骤。

第五步，将行动计划变活。改革方案毕竟是纸上的，能否顺利地将其转化为员工的行动并为其增加动力，将直接关系到方案的成功与否。因此接下来，我们又对计划中涉及的沟通方式进行了更有针对性的策划。用什么语言、怎样的情绪、在什么样的场合等来传播公司改革的精神，这些都关系到方案的实施效果。

为此，我们先在现场进行环绕主题的小品演绎，然后让大家模拟，并要求他们回去后向自己的员工传达方案的情景现场演习。从这些模拟中我们也可以帮助他们发现并解决很多问题，然后再让他们提高自己的传播水平。

在这个过程中，我们也要求大家就可能碰到的员工理解和执行上的困难进行模拟。咨询培训师此时就扮演成员工唱反调，故意提出各种难题"刁难"主管。一开始，学员解决问题的方式可能有不恰当的，老师就会在充分肯定他的优点的基础上提醒并启发大家哪些环节还可以改进，如何改进，并让他们在新的一轮演习中改进这些环节。

因此，第三阶段的培训是活泼的，它一改第一阶段的严谨和理性风格，进入到感性阶段，将一个十分严谨的科学政策转变为一个有血有肉、与大家的生活工作密切相关的活动，从而使大家都自觉自愿地执行新的方案，达到课题型咨询式培训的既定目标。

结果三天的培训课程结束后，反响极好。许多主任反映，从来没有参与过这样生动、有趣和实效的培训。由于大家对方案有了非常清晰的认识，因此，对方案的支持度就大大增强了,并一致要求方案提前实施运行。结果,还不等我们的配套方案全部竣工,新的政策就开始运行了。

红蜻蜓集团的简单型咨询式培训

我的品牌营销培训课程有很多,面对董事长、品牌负责人、营销系统,各层次都有十几个课程,主要集中在战略品牌营销闭环体系、数字化营销、全渠道营销、新媒体营销、大客户营销、个人品牌、创业营销等方面。

这些课程都有一个基本的模板,它比较通用。

但是当一些比较特殊的行业或企业要求我们帮助解决他们的特有问题时,模板培训课程就有些不合适,这时如果企业又不愿意做课题,那么采用简单型咨询式培训就比较适宜。比如:笔者给红蜻蜓集团做的"市场开发与客户管理"、给椰树集团做的"如何选择总裁接班人"、给嘉兴第一人民医院做的"医院营销与服务礼仪"、给杭州邮政做的"邮政营销培训"、给大和热电磁做的"工业品营销"培训等,这些都属于比较特殊的培训。这些培训均采用了简单型咨询式培训:既结合咨询的手法,同时又沿用原来的讲课模板。在这里以红蜻蜓集团为例进行说明。

接受红蜻蜓集团培训项目时,我们为红蜻蜓集团营销战略与管理体系的咨询课题开发已进行了数月,因此,对红蜻蜓集团比较了解。红蜻蜓集团在上海有专门的培训学院,定期为全国的经理人、店长进行培训,我也是其中的讲师之一。是年8月,我又被列入新的一期培训班的讲师名单,要求讲课的内容是"市场开发与客户管理"。这个题目是集团的培训部经理根据自己的了解及营销公司的要求安排的。这类课程我有模板,并且已在全国许多地方开过课,反响都不错。作为红蜻蜓集团的营销咨询师,我不能简单地按照模板讲课了事,因此,我决定采取简单型咨询式培训。

咨询式培训的第一步就是确定需求,而需求明确的关键是要找到最合适的人进行了解。为了使课程能解决问题、更加实效,我就这个问题与集团分管营销的总裁汪健斌先生进行了沟通,以征询他的意见。

一方面是因为他本人也担任这次培训班的讲师，我们不能有重复；另一方面，是因为其特殊的地位与经历。汪先生是个奇才，他在任的五年里，红蜻蜓集团的销售额从1个多亿发展到几十个亿，网络发展到5000多家连锁专卖店（厅），数万多名导购。

但就像红蜻蜓集团其他大功臣一样他还是非常谦虚。身为企业高管，他对自己系统里存在的问题自然是十分明白的，我与他谈，可以比与其他任何人谈更容易获得准确的信息。

在沟通过程中，我十分重视挖掘汪总内心真正所要的东西。事实上在这一方面，许多老总是不清楚的。因为，他们根本没有时间来考虑这些问题，所以就不会去明确地界定通过一次培训课究竟想达到什么具体的目的，即使有也只是初步的方向。

我在沟通过程中，坚持客观地表达自己的意见，特别是课程内容与时间的协调上。我一直认为，培训师有义务帮助你的客户真正明白自己想要什么，什么是急需的，什么是重要的。他是想让员工掌握方法呢，还是给他们洗脑。

如果是方法上的，那么必须有足够的时间，而且人员要限制在几十人，内容精练些，目标小一些。如果是改变观念，则要明确需要改变哪些观念，达到什么目的，配套什么工作。在交谈的结束阶段，应该能帮助双方厘清需求，描述出课程所要解决的问题的要点、培训的风格、时间长度等。

幸运的是，汪总是个很开明的人，他很重视我的意见。如果碰到一些比较主观又缺乏培训经验的客户，沟通起来可能要困难一些……经过充分的沟通和准备，培训取得了圆满成功。

这是笔者几十年做这项工作的经验总结。希望在品牌化道路上前行的企业，也能好好运用培训这个工具，为品牌创建铺好路、搭好桥。

CHAPTER11

第十一章
品牌执行

策略方案确定了，培训课也上了。公司上下沉浸在一种改革前的兴奋状态中，大家对好时光的前途充满了信心。

不过在与许爽的闲聊中，彤老师发现许爽还没有按照方案设计的组织体制进行人事的调配。彤老师想：也许许爽有什么顾虑。于是临走前，彤老师提醒许爽组织体制的改革很重要，是否赶紧按照新的组织体制进行人事选拔调整，着手启动招聘、调岗工作。

图 11-1　组织体制设计很重要

许爽答应着："好的，好的，我们再看看"。

彤老师接着说："许总，如果要让这个方案真正地贯彻下去，最好再做一个相对应的考核方案。"然后又简略地讲述了考核方案对整个策略执行的重要性。

两人谈话期间不断有人来找许爽。彤老师觉得来得不是时候：许爽实在太忙了，此时讨论做考核方案好像时机不对。同时又考虑到这毕竟是让老板花钱的事，太强调了，客户会感觉自己在推销生意，这样就不好。看许爽心不在焉的样子，彤老师一时间也觉得没有什么可再说的了，于是两人就此别过。

毕竟彤老师不只是服务好时光一家公司，同时还有其他几个项目在做，而好时光目前正处于内部理解摸索阶段，什么时候开始实施还不清楚。另外，一旦实施，首先是招人，这些事企业自己就能干，如果有了问题自然会再找上门来，眼前紧盯着也没有太大作用。所以她一回到杭州，就又开始忙于其他的事了。这样一晃就是几个月过去了。

图 11-2　这期间李阳与彤老师通过几次电话

这期间彤老师与李阳通过几次电话，得知好时光已按照新的策略要求招了几个大区经理，他们都在别的相近行业干过，比较有业务经验，现在都被分派到各区域去了，又说门市部也在调整。李阳整天奔波在各区域之间，非常忙。事务太多，李阳手下又没有承担具体事务的员工，公司总部除了做物流的销售后勤外，没有其他人资支持。因此，李阳即使在给彤老师打电话时都是急急忙忙的。

直到半年快过去了,许爽打来电话。她说:"彤老师啊,这个方案也执行了一段时间了,您什么时候有空,我们有几个问题想请教一下。"

于是,彤老师赶紧排出时间到乌市去。一交流,原来是方案的实施效果不理想。

为什么呢?许爽简单地讲了几个原因,还说准备将区域经理撤了。彤老师从许爽的话语中感觉其实她对这个方案了解得也不深入。毕竟她现在的摊子铺得太大,要操心的事太多,具体的情况还得自己去调查。于是她赶紧告知许爽,我们先抽几个区域,然后派专家到现场了解情况吧……

图 11-3　新增量的重担压在大区经理肩上

专家的调查一完毕,情况就全清楚了。

原来在项目组离开后,李阳做了一个计划,主要内容还是销售。因为马上就到了周年下指标的时间了,作为销售总监的李阳主要职责是给大家分解任务。而根据历年好时光的增长率及许爽的要求,李阳今年的业绩必须超越去年,因此今年的指标就更高了。

李阳一方面根据去年的销售情况分解销售量;另一方面,考虑新增量的获得途径。而后者是最令李阳痛苦的。这么多的增量，门市部经理们不愿接，李阳一时又拿不出更好的方法，因此就不管三七二十一，强行摊派到新来的大区经理头上了。于是一个区域就有了两个指标。理由也不是没有，大区经理执行的是渠道下沉的策略，可以开发新的客户来增量。

指标总算分解下去了，而这份计划的另一个主要内容就是制订年度的渠道政策。按照历年的惯例，主要是对经销商的折扣政策，以及达到指标后的奖励政策。根据新策略，李阳制订了对于那些配合公司管理、执行公司价格政策、区域管理政策的经销商的奖励方法。

在实施组织结构改革方案时，许爽与李阳都对这样做会不会出问题心里没底，于是就来了个折中，只在原来的组织体系里增加了个大区经理。而对改革方案中要求增设的市场部，除了招了一个平面设计员以外，其他的都没有动。销售部需要新增的市场督导部门、产品市场规划等职能部门也没有建立，李阳仍然是个"光杆司令"。

图 11-4　李阳仍然是"光杆司令"

看起来，大区经理似乎是李阳的部下，但实际上是各管一摊业务。平时，能够在总部协助李阳做组织管理、市场拓展的人手基本没有。

在大区经理的安排上，许爽考虑到这些经理刚来公司，如果马上分派到区域去进行管理，区域里的门市经理们很可能不服，这将会引起很大麻烦。因此不如先请大区经理跑一段时间的业务，如果真的业绩突出，再给他们实权，门店经理们就容易接受了。

于是问题都出来了。这些新来的大区经理们在公司没有依靠，区域门店经理们也不怎么配合（怎么可能会配合呢，明摆着将来是要夺自己权力的），他们的工作就是被派遣到区域市场里开发客户。

在经销商这个群体中，好时光的知名度、美誉度是非常高的。以前，他们中的大多数人几乎每次进货前都会先到好时光的门店转转，因为好时光的产品款式比较多又比较新，代表着潮流，即使不买也可以领略个市面。

如果别家也出了这个款式，价格更便宜，就进别家的货，没有就再到好时光这里进点。由于量小，又很投机，门店平常对他们并不太理会。现在他们见到好时光的大区经理主动来联系，就趁机与其软磨硬泡产品价格。但发货的是门店，门店经理掌管着货品，他们说了算，大区经理没有价格决定的权力。因此大区经理实际上变成了好时光的广告宣传员。

这些大区经理们到门店时，一般都会受到门店经理客客气气的招待。平常则是"独行侠"，没人管他们，每天开销的费用还要通过区域门店的财务拿到总部去报销的。报销单一上来，许爽、许力的眉头就皱起来了："业绩没做出来，花销却不少！"

打电话一了解，门店经理们的评价更没有好听的。即使他们不去主动了解，这些忠诚可嘉的门店经理们也会常常弄些类似信息过来，搞得许爽姐弟俩更加恼火。

许力本来就不看好搞什么渠道模式创新改革、招大区经理之类。接连几件烦心的事发生过后，他就更有话语权了。他的意见是干脆将这些大区经理们一个不剩地解聘。"要不，就让他们到门店站柜台去，兴许还有点用。"许力知道此话过头了，但仍发狠地说了。

图 11-5　大区经理们变成了广告宣传员

案例思考：

好时光的品牌战略执行为什么会出现问题？如何理解品牌营销组织体制对品牌创建的作用？

案例解析

● 新战略需要组织配套

好时光没有按照新战略的要求建立相适应的组织体制，而是断章取义地选择了其中的某个环节，这样必然导致品牌战略方案贯彻的效果打折。

公司品牌战略要贯彻执行到位，必须要有一个与之相适应的组织体制，因为组织体制是保障战略执行的必要条件。

设想一下，新的战略要求把每个区域的门店变成真正的市场区域管理，全面地开发区域市场，对其经销商体系进行整理、整顿，如此，靠门店原来的这批人员显然不行。因为他们已经习惯了原有的模式，老的客户面孔、老的部下、老的门店、老的产品……能靠他们来推动改革吗？靠他们即使可以按照新策略的要求直接开发一些零售客户，那也只是蜻蜓点水式的。

本案中，许爽因为对新来的人不够放心，将区域业务经营的权力仍然放置在门店经理手中。而门店经理为了维护自身利益，必然排斥大区经理，把客户、产品牢牢地攥在自己的手上，甚至给大区经理"穿小鞋"。

大区经理们虽然顶着"大区经理"这顶帽子，而且本身也有些新的营销理念，相对门店经理来说可以更好地贯彻新的战略，却因为权力没落实，还受到区域门店经理的排斥，工作就很难开展。

特别是新的战略整体方案已被肢解，没有得到全面的实施，只是接受了方案中关于扩大市场、深化分销这两部分的策略，这些大区经理只是被单点地要求来执行这个思想，因此难度就更大。而在实际操作中又没有给予组织保证，没有配以相应的权力与责任，如同孙悟空被贬去做弼马温，手中又没了金箍棒，自然就难以出成效了。

本案中，好时光因为对方案本身没有完全理解，执行阶段又点状思维、部分截取，在组织人事配置中又受限于成本问题和人事信任度问题，而不敢真正地放手实施改革，因此市场部、渠道部都没有真正地按照新的组织体制设计要求进行配置。这就好比一匹肢体不全的马，怎么跑啊？！

● **绩效改革随行**

有时，即使组织配置不足，但如果建立了与新的战略相匹配的考核方案，改革结果可能就会好得多。因为考核要求直接对结果负责，企业想要的结果通过考核政策得以表达，即使过程中不能给予充分的资源，但在考核任务的驱动下，为了获得最大的利益，被考核者也会自觉地往导引的方向前进。

但本案中的许爽首先在思想意识上并未理解考核的重要性。她仍然执行了原来的考核方法，即使在彤老师要求她做一个新的考核方案时，也没有引起足够的重视。而彤老师又不希望自己的好意被误解，所以在表达这个问题时，她坚持的力度也是不足的，这更削弱了企业对考核问题的认识深度，由此也影响了企业的决策，进而影响了项目的运行。这都是要引起高度重视的实施环节。

● 个人英雄未必能做好品牌

不会做品牌并不是大问题，不会可以学。但是，现实中有许多老板，从他们的气质类型、性格类型上看，可能不一定最适合做品牌。

因为品牌创建看重的是管理能力，从公司品牌的战略规划到其产品和营销的所有支持手段的战术细节处理，都需要理性的管理，需要懂得如何调动部下、客户、合作伙伴、关系人，使他们都趋向共同的思维方式，发出同样的声音，掌握同样的技能，做同样的动作。

即使有创意，也只是局部和细节上的。个性和能动只能是"戴着枷锁跳舞"！

许多希望创建品牌的企业老板大多数是创业家，他们富有激情，对市场极为敏感，善于捕捉机会，善于与人打交道，并在人际交往中找灵感。他们很多是谈判的高手，生意越大，兴奋度越高。他们喜欢亲临一线，直接享受谈判成功带来的喜悦……

这样的企业人做品牌，喜欢战术多过喜欢战略。因为战术表现更富有激情、更富有创想，因此许多老板即使企业已做到几十个亿，公司的企划人员一大群，但是碰到需要广告创意时，总会亲力亲为。

这样性格的人做品牌，重策划轻管理。而品牌的成功不仅在于其所想，更在于其执行中的管理，在战略指导下的管理，所有的与顾客接触的点都必须纳入管理规程之中。

做品牌忌讳战略不断地被修改，政策多变，组织架构不断调整，人事变化频繁，其结果是部属无所适从，客户对企业的信任度低，最后品牌的满意度、忠诚度就难以建立。

深度学习

与品牌战略相匹配的组织与绩效设计要诀

组织结构是组织中划分、组合和协调人事活动与任务的一种正式框架，它反映组织中不同部门人员之间的横向分工和纵向指挥关系，包括部门设计、岗位设计、管理层次设计、职权划分、横向协调设计等。

有效的组织结构是确保公司品牌战略得以实施的基本保证。

组织结构设计的思想直接来源于品牌战略，正如著名的美国管理专家钱德勒所说的"结构跟着战略走"，组织结构必须服从和服务于战略目标的实现。

不同的战略目标必须由不同的组织结构与之相互匹配。譬如，当企业的品牌营销战略是以品牌价值和统一的品牌形象赢得顾客信赖时，营销决策权就应该更多地集中在总部，而当营销战略是以对市场的快速反应来赢得竞争优势时，营销决策权就应该更多地下放到分公司或办事处。

一般来说，现代公司品牌营销组织体制设计的思路都离不开分层、授权、分工、规范这几个手段。

分层管理指从总经理到办事员中间经过几个层级。总经理下面是部门还是某中心的副总，部门下面设立科室还是直接的办事员等。分层的目的是使每个人的上下级都很清楚，每件事的权限与责任能更清楚。

授权管理则在分层的基础上，将权责分解到不同的层级，一般将权力分解成决策权、建议权、审阅权、审批权。授权管理需要先将企业的品牌营销活动进行业务分解，再将分解后的大小业务模块进行权责分配，以保证每个人都有足够的权力执行某事以及能对某事的某个层面或者某个活动范围负责。

规范化指对具体的业务活动的管理要有统一的标准和程序，避免各行其是。

在具体设计时要以专业化、精简、反应灵活为原则。即虽然有多层次组织，有对行为的规范化要求，但通过合理授权、适度规范仍能保持组织对市场的灵活反应机制；虽然分工更细提高了管理的难度，但在权责的分配上，该向一线倾斜的就倾斜，保持组织精简和灵活性。

分层管理、规范管理不能僵化，必须在一些重大的市场活动时保持及时反应和应对的集中权力。

关于组织设计的几个原则，一般管理学、组织学等专业著作上都有比较深入的探讨和经典论述，这里就不一一展开详述了。

下面是笔者根据多年来的咨询实践所发现的企业管理者们容易模糊之处，这些模糊之所以发生不是理论上没有解决，而可能是暂未悟到组织体制设计的原理。

先有战略，后有组织设计

要坚持：先有战略、策略，后有组织设计。

一个品牌在做组织设计前，先要明白自己的企业用什么方法进入、开拓市场，不同的策略就意味着要做不同的事情，因此业务活动类型也会不一样。本案中的好时光用连锁渠道、品牌加盟的模式做市场，那么，它的品牌营销活动中就包含了招商加盟的部门、店铺管理的部门、市场督导的部门等。

如果一个企业是承接外贸订单的生产加工型企业，它的业务活动只是需要有几个业务人员接订单，那么它的业务组织机构也就比较简单了。如果这个外向型企业觉得光靠几个业务人员跑订单很难控制，它在策略上决定将谈判的关键环节控制在核心业务骨干手里，于是它可以将信息的获得、前期的接触与后期谈判包括关系基本维护等业务活动进行分解，以此来避免业务活动过于集中在某几个业务员的身上，从而降低风险。这种策略下的业务组织虽然同样是做订单加工，但显然要复杂些，岗位多一些。

从上面的分析可以看到，有什么样的策略就有什么样的业务活动，有什么样的业务活动就决定了有什么样的分工，而什么样的分工就决定了部门或岗位设置。因此战略、策略是组织设计的前导，是组织体制设计的指南针。

战略、策略所揭示的是企业该怎样做，回答的是如何"做对"事情。而组织体制回答的则是如何更健康有效率地做这件事，即"做好"事情。"做对"事情是"做好"事情的前提。如果方向失误那么做得越好，损失得越大。我们通常把它称为"负效率"。所以，在强调效率之前，千万先搞清楚这个事情你该不该做。

现实中，许多企业老板并不很明白这个道理。

咨询中我们碰到过一个老板，戏称自己是"组织结构专家"，因为他十分喜欢修改组织结构，他的公司基本上是三个月换一次组织结构，因此部门经理也不断地跟着组织结构的变化而调整。我们到他的公司去调研时，主管们非常痛苦地反映：他们都已经搞不清楚自己的上司是谁了，变化太频繁了。

其实这位老板也是迫于无奈，他并不是真的喜欢变换组织结构，而是他总是发现自己的组织结构有问题。于是改来改去，把企业的效率都内耗光了。

组织设计的灵魂是谁

品牌营销战略实际上包括战略和组合策略两大部分。品牌战略回答的是定位战略，情况复杂的还需要做品牌家族战略决策，营销与品牌结合后，营销中的目标市场营销战略由品牌定位战略替代，但营销组合策略即产品策略、价格策略、渠道策略和促销策略，则是支持品牌战略的具体落地路径，必须同期设计清楚。与营销组合策略一样，公司品牌战略还必须在研发、采购、制造、人资、行政、品牌文化等各个系统设计相应的策略，而这个战略和策略就是品牌在组织设计上的灵魂。它从根本上决定了一个公司组织基本体制的建设方向。譬如组织的部门设置、管理层次、管理的幅度。

如果战略确定了要用连锁专卖加盟模式作为差异化的核心战略路径来发展全国市场，那么为实现这个战略目标，组织建设中必须为加盟设置相应的招商、店铺营运、企划等部门。

如果战略设计未来的三年要收缩战线，降低成本，要尽可能用最小的成本获得尽可能大的市场覆盖，那么组织模式中的结构就比较简单，专业分工就不细致，还会尽可能地利用经销商的组织承担其职责之外的工作。

反之，如果要把渠道的精耕细作为未来三年的核心战略，那么组织上的专业化分工就比较细了，组织里的部门就需要依据精耕细作的要求进行专业化分工，部门设置和岗位设置就会合理、全面。

如果是全渠道运作，那么公司的组织结构就必须支持这个全渠道的开展。

策略是组织结构中具体的部门设置指导，遵循合理的原则，组织在哪个部门需要强化、哪个部门可以粗放合并都需要根据策略来决定。同时分工过程中还必须考虑才能、性格工作习惯适配度等因素，不要把两个截然相反的能力结构型和性格型的工作合并到一个岗位上。

接下来，我们以下面的案例向大家解释策略思路的演化过程。

组织设计思维方式示例

在某皮鞋企业的营销组织体制设计中，原来的产品开发部门全部放在生产体系中。这个组织模式与该企业以生产为前导，由生产决定销售的产品、策略，是相一致的。这种模式符合行业早期产品供小于求的市场格局和行业靠产品力就可以获得市场的背景。因为此时行业只需要关注如何改进效率、提高品质、降低原材料成本就可以应对市场的需求。

随着时代的发展，人们穿鞋越来越追求时尚，如果厂家生产的皮鞋款式与时尚需求不一致，就会造成大量的滞压，削弱产品的竞争力。但由于生产部门是自我导向的，他们离市场一线比较远，往往不能及时准确地把握市场的审美动向，开发的产品不大能与市场需求接轨，因此必须进行产品开发模式的改革。

新的营销策略把新品的开发分成几个阶段。第一个阶段是产品概念设计阶段，即产品思想表现阶段。第二个阶段是艺术表现阶段，产品由设计师进行艺术表现，描绘出图样，并由打样师出样品。第三个阶段是工艺实现阶段，由工艺师将已确定的皮鞋款式在生产过程中的应用工艺表现出来，成为可以批量生产的产品。

在这三个阶段中，第一个阶段实际上只需出思想，要求产品概念设计师善于把握市场需求，能够根据多种渠道的信息判断未来某区域目标顾客群体喜欢的皮鞋款式，以及在色彩、花式、材质、饰物、价格等各方面的需求特点。这阶段的设计师需要掌握的是消费心理学，市场营销学知识，会根据各种终端销售数据分析未来市场走势，能把握世界时尚发展的脉搏……

第二个阶段的设计师则必须具有美学的知识，懂得怎样根据人体的生理需求将第一阶段概念设计师所表达的思想变成具体的艺术品，一个直观的可以感受的鞋子式样和花色。这个阶段的设计师富有艺术表现力，能将一个抽象的概念转化为一个生动的实物。但这种艺术设计师的缺陷往往是过于考虑美学的价值，而一个非常美的设计通常都是很难进行量化生产的。譬如个性化的工艺步骤太多或难度太高、成本过高、质量不容易控制等，因此必须要由第三阶段的工艺师进行转化。

第三阶段的工艺师往往懂得机器、劳动效率，懂得材料的使用特性、价格特点，是工程师类型的技术人才。

这三个阶段需要三个领域既有差异又相互关联的知识，一般很难找到这三个方面都内行的人才，把这三项工作放在一起让一个人去负责，往往就会片面，企业的产品竞争力就受到局限。

因此当人们把皮鞋看作是个性的展现、审美力的表现时，新品开发的策略也要跟着变，组织相应地也必须推进变革以实现策略市场服务价值。

根据这个策略，新的组织结构将新产品开发的部门分成三个部分。概念设计师放在营销公司的市场部，由营销总裁直接指挥。设计打样师由于需要保持对时尚的高度接触，内部化容易压抑灵感，因此可以相对独立地设立一个工作室，便于其实现灵活的工作形式，但仍然归属营销公司麾下。而工艺设计师则放在生产部门。如此，我们便可以看到，营销模式中新产品开发策略思想通过新的组织体制得到了保证。

不同阶段组织设计的差异

每个家庭都离不开所谓的开门七件事：柴、米、油、盐、酱、醋、茶。企业与家庭类似，也有开门要做的常规事务。如果是生产型企业，无论规模大小，都离不开采购、储运、生产制造、销售、售后服务这几件事。而为了保证这些事的正常进行，还必须解决人力资源、财务、行政等问题。麻雀虽小，五脏俱全，因此不管各个企业在品牌营销战略策略上差异多么大，但万变不离其宗，所有企业的品牌营销组织体制设计都不能回避这些常规事务。

若说有差别，无非是有些企业在这些方面强化一点，在另些方面粗放简单些，而有些则在另些方面强化一点。该削弱还是该强化，一方面如上所述取决于战略、策略、人力资源特点；另一方面还必须考虑企业的市场发展所处的阶段。

大多数中国民营企业在企业起步期都是采用传统的家长式管理，特点是老板像家长，所有的员工由老板安排工作，除了粗放简单地分派一下岗位职能和具体事务外，各个部门下面的岗位与权责一般是没有很清晰地对应的。老板是以整件事情的推进为目标的，而不是将整体工作先行拆解，然后按照专业分工由几个岗位分别完成，最后部门进行组合的。

老板习惯的做法是：为了做某件事，安排某个人。因此他不断地想到做什么事，员工就不断地被吩咐做这件事、做那件事。今天他想到了这事，就安排员工去做了，明天发现还有另一件事，于是又安排下去。过了一段时间，可能后面的事还记着，前面的事已忘了。这种管理方式就看老板的个人能力可以指挥多少人，不然事情一多就糊涂了。

在这种模式下的企业，虽然表面上也有一些部门，但这些部门经理实际上都是事务的主管或者主办。他们所办的事本身变数也比较多，类型也复杂，因此往往无法真正地计划自己部门的业务进展。

在这些企业里，部门经理推进业务活动的方式也非常粗放，往往以某事为轴，直插到底。譬如在某服装企业，采取的是连锁加盟的模式，拥有的店铺也达到了一两千家，公司总部也有了基本的分工。其中有一个部门是专门负责招商加盟的，这个部门的员工有5人，他们的分工方法就是每个人负责一个片区，从前期谈判→店铺考察→装修→商品配置→开业庆典，一股脑儿直插到底。

我们能一概地说这种组织模式就是落后的吗？非也！在组织策略里，没有绝对的好与坏，哪种模式能够高效地推进战略，达成目标，又最经济，就是最好的。

企业童年期时，由于生存模式还存在着许多的不确定，变数很多，更需要应对不断发生的变化，因此老板不能很规范地做长期、远期计划，而是要不断寻找新的突破点，此时需要部门只是相对分工，大家都尝试着新的业务方式，不断地修正调整业务策略；而岗位不确定，也可以使团队合作更加紧密，一人多岗，更可以降低组织成本，这才能保证企业的生存，进而获得发展。

分工是建立在业务模式相对稳定，某几类业务活动不断地被重复，如此进行分工可以促进专业化的成立。

当企业业务模式基本稳定，销售发展到一定规模，或者面对市场的竞争，需要将公司提升一个台阶时，这种组织方法就难以适应了，因为它不够专业。每个人什么都干，必然不容易把事情做精。

不精就意味着效率低下，意味着深度不够、作品粗糙，缺乏美感。在这种情况下，可以对组织架构稍做调整来适应。即原来由一个人负责一件事，现在得把事情拆开，分成几个环节，按照不同的作业性质进行归类。

对于一些专业知识相近、对作业的人的能力要求相近、性格相近的作业环节可以合并在一起，而差异比较大的就必须分开。譬如上面的招商开业环节，前期谈判与商品配置、开业庆典工作类型比较接近，都需要市场营销方面的知识，需要与人打交道，需要头脑比较灵活，有创新意识的人。因此原来一个人做五件事，可以改革成一个岗位做三件事，一个岗位做两件事。一个负责前期谈判＋商品配置＋开业庆典，另一个负责店铺的考察及装修。因为店铺的位置选择及装修往往需要的是工程师类型，思维比较理性、严谨。

如果企业再发展，希望每件事做得更有竞争力，更出色一些，就需要在强化的业务上再进行分工。那么就可以分成五个岗位分别由专门的主管甚至部门对应完成。

所以，企业市场发展的不同阶段，组织结构应有不同的设计。

组织设计如何降低人力成本

组织体制设计要降低人力成本一定要考虑资源共享的原则。因为任何一个独立的部门和岗位都意味着人的参与，意味着一份工资、一份办公成本消耗，还有福利保障等，所以重视利润的老板都不喜欢多"养人"，除非企业规模大到足以进行后备队伍储备的时候。因此，一个部门能够做的事，绝不能要两个部门做，一个岗位能够做的事决不要设置两个岗位，这就是平衡的问题。

一方面要根据策略要求，强化这方面的能力，进行内部更细化的分工，增设部门或者岗位；另一方面又要顾及资源和资金的优化。

此处的资源共享指的就是如何利用已经存在的部门或岗位，尽可能通过扩大他们的工作量和提高他们的工作效率来达到新的业务目标。譬如笔者咨询顾问的一家装饰公司，原来有针对别墅装饰的高定事业部，有针对房产商委托的住宅事业部，有针对家具制作的木作厂，还有一个设计院，全部是事业部模式，但公司规模并不是很大，新业务板块也都刚起步，这样成本就太高。所以本着资源共享的原则，笔者的方案中就建议取消多个事业部模式，合并成一个，抓住主业深耕做精做透。同时针对不同细分市场设立不同的产品。如地产住宅装饰、酒店装饰……多个产品工程部，可以避免鸡蛋放在一个篮子里，万一某个市场萎缩，导致公司发展受损,所以通过产品经理的模式来解决市场和产品的差异化以提高对资源的利用效率,降低成本。

组织体制的设计往往需要预留一个宽度。这就如同二十世纪五六十年代,因为资源匮乏,许多家长在为小孩做衣服时,既要考虑孩子当时的大小,还要考虑他以后身体的发育成长,留有一定的增长空间。

对企业来说,新战略的组织设计要为其后续的业务发展预留较广的空间。

但前期,新的业务获得还处于起始阶段,如果完全按照新设计的组织体制,每个岗位招足人,由于业务活动此期还不够多,岗位的工作量就会不足,从而导致人浮于事。那么在这个阶段就可以考虑多岗一人。而当新策略推进到一定阶段,工作量不断增加后,就可以按需要增加人员。

如果再继续发展到相当规模后,那么,可能就变成一岗多人了。从多岗一人到一岗一人再到一岗多人,要根据企业业务的发展进行灵活的调整,这是组织设计上资源共享的一个策略。现实中,这个原则还可以通过许多方面得以实现。

大组织平台化是趋势

公司品牌模式下,公司负责品牌整体的运作,但下属的市场却要按照市场环境的演变进行选择。如今市场高度细分垂直的时代,企业需要针对每一个细分市场研发产品,如此产品经理模式下的小项目团队会很多,而公司的共享职能部门慢慢就会变成为下属产品经理或者项目经理服务的平台。大公司平台化就是一个演变趋势。这种模式其实在咨询行业、律师行业,早就存在。只是现在被普及到一些制造型企业。阿米巴管理就是在这样的背景下问世的。

这种模式下,组织的共享职能主要聚焦于服务前端市场,前端产品经理、项目经理。前端充分赋权,以保证作战时充分的灵活性。尤其是服务业,一线人员的权力获得十分重要。因为赢得顾客满意的必定是个性化的服务方案,标准化的作业是很难孵化忠诚顾客的。

因此在未来的组织设计中,总部的集权会最大化地下沉,区域的灵活性会越来越强。大公司逐渐变成了一个支持平台。

CHAPTER12

第十二章
草创品牌
的夭折

许力这段时间很头疼。

他在杭州、青岛、河南开的几家专卖店不断地出问题。每个店铺在最初的一两个月都还不错，但两个月后就开始不断出状况。专卖店经理们先是嚷着产品款式太少，然后又抱怨想要的款式没到货，不想要的紧着往店里发，来的都是销不掉的老款式，都没办法做生意了等。

对前一个问题，许力想不通。店铺开业时，他都是亲身前往组织货源，产品款式是非常多的，当时整个店铺都摆得满满的，而且公司每天开发几百款，后续补货的款式应该也是充足的，怎么会款式不够呢？

对后一个问题，许力不相信。想想还是不动声色先下去摸一摸实情再说，杭州店铺近，就先直奔杭州店铺去了。他故意不到店里去，隔着马路在对面的店铺里找了个正好可以看到对面的情况的位置。

图 12-1　许力隔着马路观察对面店铺的情况

由于这一天不是周末，又是大上午，整条街上的行人不多，入店的人也很少。许力发现店里的几个导购在扎堆聊天，其中一个好像还在吃东西。期间有一个顾客进去了，聊天中的小姑娘马上迎了上来，对着顾客说了几句，那顾客没有待几分钟就走了。另外两个导购则完全没有要动弹的意思，大概正聊得起劲呢！

许力想，怪不得卖得不好，这样的营业氛围一看就不行。他走进店，强压着火气没有发作，心想还是多沟通沟通，看看是否还有其他原因。

亏得还是忍住了火，许力发现问题还真不少。

他看到铺面上陈列的产品已经稀稀拉拉，亮眼的不多。姑娘们抱怨说，来的都是老款，刚开业时挺好卖的，喜欢饰品的女性真不少。有好些顾客每个周末都会来一次。但一段时间下来就开始都抱怨说，看来看去就这么几款，没有新鲜的。而隔着我们两百米的地方现在又开了一家，好多货是我们家的，但还有些别的品牌的，款式比我们多出几倍，卖得却比我们便宜。

还有，有几款卖得特别好，向公司里要货，老是没有给货，发过来的却都是没有人要的。公司的人说我们是零售店，应该多为公司分担一些积压产品，现在公司压库压得很多……

许力想想，姑娘们也是没有办法，店铺里没有好产品，怎么卖呢？更何况旁边还有一家直接的对手，卖一样的货色价格还便宜。

"那么，那一家你们有没有去看过？是否真的有我们家的货？"许力问。

"我们不敢去，他们认识我们的，还在门口就被赶出来了……我们都是听顾客说的。"姑娘们回答道。

哦，是这样。许力想想他们未必认识自己，就亲自跑去看看。

果然，许力发现这家店搞得挺漂亮，还蛮时尚的，不过看着眼熟，总觉得好像在哪儿看到过。店铺的天花板上吊着很多的飘旗，店铺当中还立了个特价花车区。靠里面墙的一角设计了一个休息区，放着沙发、镜子、书报，还看到一个导购小姐正在给一个顾客盘头。

图 12-2　她是我们的会员

许力猛然醒悟：这不是"时美"的玩法吗？许力知道"时美"是国内最早用盘头这种服务来促销的，发展得很快，看来这家的主人确实挺会学习。

许力发现这家店的产品确实比自己那个店铺丰富很多，里面有好几个品牌，其中确实有一个版面就是好时光的产品，估计是从乌市门店里进的货，款式有许多与自己这家店铺差不多。但由于这家店的品牌多，产品自然就丰富多了。

许力进店后，导购先是说了句"欢迎光临"，然后也没有马上盯上来，看到许力在版面上拿了一个产品后，才跟上来站在身后说："先生是给太太买吗？真有眼光，这是我们刚到的新款。"

许力与导购交流的时候，还不时地被旁边那个顾客与帮她盘头的女孩的爽朗的笑声吸引，感觉气氛被她们带动得轻松温暖，没有了拘束，反倒有一份亲切感。导购乘机介绍说："她是我们的会员，常常到我们这里来盘头的。噢，在我们这里买产品，还可以享受终身免费盘头服务的。我们还有免费的美容美发、服装打扮的课程，成为我们的会员后都可以免费参加的。"

"参加会员需要什么资格？"许力问。导购指了指墙上贴的一张手绘的海报，许力发现海报设计得很活泼，上面宣传的是正在搞的一个活动，买满300元就可以成为会员了。许力顺手挑了几个看起来不错的胸针，导购这下更热情了："你不想看看我们的发饰吗？我们的发饰产品也是非常不错的。"许力想好会推销啊，这姑娘比我们店的强。

离开那家店，许力仔细想想，其实这家店的套路我们也是可以马上做的——公司里有设计人员，叫他们设计一些海报、企划一下促销活动，来个会员制，那不是挺简单。不过这个产品问题比较麻烦，他决定问一下管生产和物流的副总经理究竟怎么回事。

……

图 12-3　业绩为什么掉下来了

许力的亲自督察果然出了点效果。店里的姑娘反映近段时间货给得不错，增加了许多新款。而且公司市场企划的人员、负责培训的人员纷纷到店现场解决问题，还请了一个老师专门讲了导购的技巧。

许爽也很积极，搭手帮他找了个台湾的老师，专门做饰品陈列的，专程到店铺里指导姑娘们怎么摆产品，因此门店的姑娘们一下子大受鼓舞，似乎问题得到了解决。

许力一高兴立即推广到其他几个加盟店，结果就好像给这些店铺打了一支"兴奋剂"，几个合作伙伴的反映都不错。许力信心大增，想：兵来将挡，水来土掩，问题总是有解决办法的……

不过好景不长，才过了三个月，业绩又开始往下掉了，许力一了解，发现这些人是他亲自抓一次就会有点起色；他一放松，企划和培训那边都松懈下来。而且什么会员制、促销都像昙花一现，不了了之。

许力一着急，又把这些负责人叫到办公室，狠狠地训斥了一顿。大家似乎都很委屈。"我们可没有闲着呢？批发门店那么多的培训要做，我们就这几个人手，就算轮一遍也要三个月啊！这几个月已经没有休息过了。"培训主管说。

设计师说："我们也不知道要怎样促销啊，我们是管执行的，李总没有安排我们做呢，其他的活儿太多了。"

最可恨的是李阳，他搬出的理由几乎与彤老师当初会上的反对意见一样，说的是整个体系不配套之类的，令许力十分恼火。自己亲自抓的尚且这个样子，可想而知其他的那些加盟店了。看来那几个加盟的老板天天跟自己哭诉的也都是实情，他们确实难做。

许力算计着：就这么几家店，我这批人手还都没有算工资成本，要是真的核算一下，再加上退回来的货品，一年下来的利润扣除花销的，可不是亏了。唉，这钱还是做外贸和批发来得轻松容易！

许力心里一转这个念头，就自然把精力都往别处搁了。本来就是游侠性格的他，哪耐得住整天守着几个小店琢磨呢？他的舞台在巴黎、在纽约、在东南亚，那里需要生意高手，那里有他施展的空间，更能体现他的价值。

于是许力就不愿意再多花心思在这些店铺上了。这些店铺本来就靠他在努力地推动才有点起色，这一放手，等于让它们自生自灭。

又撑了半年后，生意越来越惨淡，许爽见状，就悄悄地把它们撤了，还吩咐李阳把那些烂尾工作处理彻底。从许力张罗零售店铺开始到撤店，前后不到两年。

图 12-4　许力发现精力投入得不偿失

图 12-5　许爽见状悄悄地把它们撤了

案例思考：

许力的品牌事业为何难以持续？真正的原因是什么？

案例解析

● 用卖产品的思维做品牌

本案中，许力与许爽虽然在同一个公司，卖的是同一个产品类型，但他们的业务模式差异却很大，属于两种不同性质的业务。许爽重在卖产品，并逐步向卖品牌过渡；而许力则直接进入做品牌的业务形态。

从产品来说，许力的连锁加盟品牌更需要品质高一些、质量可靠稳定的产品，这是做品牌的基础。如果一个品牌的产品老是遭遇质量问题的投诉，那不是在做牌子，而是在砸牌子。

产品开发方面，做品牌就意味着有所选择、有所放弃，不能试图满足所有人的需求，因此确定目标顾客，进行品牌定位是做品牌的一个先期基础工作。在品牌定位已确定的前提下，产品的款式开发是根据品牌的定位来进行的。它不同于批发渠道的产品款式开发多多益善，追求大而全的模式。品牌运作中的产品款式开发受到了品牌定位的约束，必须按照品牌的规划进行针对性的开发。因此，即使每天开发数百款，如果不按照品牌的要求来实施，可能多数是不吻合的，加上又可能很多款是姐妹款、老爷款，那么，所能提供给品牌零售终端的产品款式就非常少了。

再从营销模式看，连锁加盟创建品牌的关键在于渠道模式的变革。这种变革的本质是什么呢？是从大家挤在一个批发市场里打价格战，变成跳离批发做零售，从"走量"变成"走质"。原来追求的是薄利多销，通过贸易量的扩大来获得利润，而现在是通过"走质"来获得利润。

什么是"走质"？即通过提高交易的品质来增加交易的利润率。这个利润率的增加需要更高品质的产品去支撑。由于产品是由厂家提供的，特别是批发模式下的交易都是在厂家内部完成的，因此客户需要什么，厂家能直接地感知到。因而，看起来产品品质和款式开发是否对路似乎是由厂家来掌控的。实际上，尤其是在订单加工模式下，产品更多的是由客户指定甚至提供样单的模式进行加工的。有些客户为了督促厂家按照自己的要求完成产品的生产制造，甚至专门派遣人员驻扎在工厂，进行全程管理。因此批发模式下的制造和加工管理就比较简单。如果订单的款式设计得不符合市场需求，那责任是由下订单的客户负责的。

但是连锁专卖零售加盟模式下，企业已不再只是一个厂家，而是一个品牌商，它需要对市场负责，需要理解市场，也就是需要满足最终顾客的需求才能完成交易获得回报。而顾客的需求是通过加盟商来反馈的，因此如果企业不善于管理，对产品信息从收集到分析处理缺乏组织、指挥、指导、执行、控制、监督的能力，产品管理就会出问题，哪怕它的渠道再大也无济于事。

品牌的建树不仅需要产品品质上的支撑，也需要在与顾客接触点上所有的售前、售中和售后环节上品质的提升。譬如导购的销售技巧或态度不到位，就会直接损害品牌形象。而这些与顾客的接触点的建设大多是由加盟商来完成的，因此对终端店铺的管理就变成一个大问题。如果一个企业不善于此，那么它就很难在品牌连锁加盟模式中获得成功。

由于价值观的不一致，利益的不同，加盟商与品牌商之间存在着一定的排斥性，这就加剧了管理的难度。为了避免这个矛盾，许多企业在创建品牌之初，主要还是通过直营店来发展。还有些企业，发现大踏步地发展连锁加盟，最后很难控制，于是又开始收缩加盟战线。因此明确"做品牌"与"做产品"的本质差异，就可以最大限度地避免操作中出现偏差。

● 品牌创建做不到闭环就如东施效颦

许力所尝试的高端品牌的夭折再次证明了本书的观点：品牌创建是一个闭环工程。

许力的高端品牌零售专卖业务，从一开始就是本着他自己对品牌的觉察设计的。他看到的是品牌在表面上呈现出的那些要素：如一系列关于产品、店铺、人员等的形象包装，较高品质的产品，服务的态度等，但没有看到这些外在形式背后的品牌的要素，如品牌的定位、品牌的组织管理、品牌的业务流程体系、品牌的绩效管理和品牌的文化培育等。

再则品牌创建在内容上需要系统化，但许力把握的都是零散的元素，没有将这些元素自上而下的有机关联与整合。

品牌需要管理，许力的个性不擅长管理。他追求自由，主观性过强，这些都是导致其品牌项目运作失败的原因。

● 有退路的企业难以做好品牌

做品牌必须有破釜沉舟的勇气，现实中大部分的外贸型企业转型国内市场创建品牌，都很难成功，其中还有一个原因就是他们有退路。

笔者在这二十年的咨询中，经常会碰到外贸型企业转战国内市场创建品牌却铩羽而归的案例。主要原因是决定做品牌时就没有明确品牌创建需要系统化和持续化，看到的只是品牌的一些表面文章；另一方面就是决策品牌时往往是外贸生意受阻时，一旦形势好转，决心就变了。因为从传统的效能评价方法来看外贸和国内品牌事业，显然后者前期只有付出，收获不在金钱上，而在团队的建立，经验的获得等上面，大部分企业的评价体系里看不到这些"隐形"成绩。他们更关心有没有直接的经济收益。

品牌的前期评价标准一定是按照步骤呈现的。第一阶段是系统解决方案工作有没有完成；第二阶段再按照系统方案做的品牌创建准备有没有完成；第三步……这些都不是传统企业人思维中的业绩，更何况进入市场后还得有一个小苗变小树培养成长的过程。现实中，大部分创建品牌的企业没有等到出小苗就放弃了。关键是有退路，所以有退路的企业难以做好品牌。

深度学习

品牌零售运营商的十一项修炼

制造型企业从批发（包括国内批发和对国外批发）转为做零售，表面看起来是一个通路的变革，但实际上意味着这个传统的制造型企业已经变成了一个品牌零售运营商，这样的变化就不只是一个渠道的变化，而是一个系统的变革。从"卖产品"到"卖品牌"。

只从事产品的生产，通过自己或者几个业务人员寻找代理商或经销商等中间渠道来分销产品的企业，其在整个产业的价值链上扮演的角色就是一个制造商的角色。

尽管有些企业做得更进步些，如好时光，他们不只是几个业务人员，而是有了一批直属的门店。但这些门店是蹲守在批发市场。虽然多年积累后，客户可以直接电话、微信订购，或者到电商平台上购买产品，但如果品牌商产品的下家是中间商，由他们再推广给零售商，其销售过程采用简单的生意模式，那么其从事的仍然是制造的业务，无非比别的制造商能够更直接地接触到中间商而已。因此它仍然属于制造商，也就是有一定销售功能的制造商。

制造商如果不对终端顾客进行本品牌的传播活动，它的知名度就永远只局限在渠道中，只能扮演着一个生产厂家、产品的提供者的角色。称不上是真正的品牌，只是厂家的识别标记而已，它的角色准确地说就是产品制造商。它与市场是通过中间商发生联系的，这就决定了除非是供不应求的时代，或者它的产品无可替代，否则它与渠道的关系总是被动的。

由于在走向市场的过程中必须借助于渠道，而与渠道的关系中又是后者占主导地位，所以在经受许多产品市场化的磨难甚至失败后，有点实力的产品制造商就纷纷直接发力终端，直接影响市场、控制市场。

又由于加盟连锁模式被证明是产品制造商直接管控市场的最有效的渠道模式，因此近二十年来，中国的各行各业纷纷以此方式建立自己在市场的品牌影响力。从最初的化妆品、服装、皮鞋、运动鞋行业搞品牌连锁加盟，到今天生活中的各种物品，比如大闸蟹、花果、婴童用品……消费者看到的是各行业连锁店铺运营模式遍地开花。

这种情况也会发生在一些生产材料的企业。比如我们合作的浙江海天气体，他们是生产氧气、氢气的气体公司，但由于选择的是中小型生产企业为自己的客户群，通过供应瓶装氧气产品来获得市场，这种产品的营销模式就十分需要建立密集型的分销网络，实际上也是类似零售性质的品牌运营商。所以千万不要用消费品还是工业品来理解零售理解品牌运营。

一个制造企业如何转型从"卖产品"到"卖品牌"？基于笔者二十年的咨询实战经验，总结出十一个国内大部分企业在这个变革中没有做好的问题。它们分别是业务角色的转型、经营模式的转型、规划管理转型，以及生产观念、企业文化、人力资源、产品组织、生产管理、价格策略、店铺管理和传播等方面的转型。

掌握这些转型，修炼好这些新的能力，对传统企业创品牌会有很大的助益。下面的十一项修炼，有些是针对采用连锁零售专卖渠道的企业，但大部分对于任何一个想创建品牌的企业都是有参考意义的。

业务角色转型

对制造商来说，连锁加盟从表面看只是在原来的批发渠道之上再增加一个做零售的渠道而已，但实际却意味着企业的身份已发生根本性的变化。因为一旦厂家转型做终端品牌后，从产业的整个价值链来看，厂家就从产品的提供者、制造商变成了不仅提供产品的生产企业，而且还是拥有对最终用户有影响力的品牌所有权的零售商，这是身份或者说角色的质的飞跃。

角色变了，自然服从于角色的形式和内容也要发生变化。原来它只是简单的产品生产厂家，现在变成了"产品制造商＋零售商"，要把自己制造的产品卖出去，重点是在制造，而不是卖。因此早期制造商的商业成份并不大。因为只有将产品买进来又卖出去的才属于真正的商贸，从事这类生意的公司属于商业企业。我们看到，在会计管理、税务管理上的方法，它们是有显著差异的。

如果说，制造商刚刚涉足连锁零售业时"商"的成分还不多，其角色的主要成分是制造者，那么，当厂家的零售网络越做越大，加盟店达到几百家、几千家后，单一的生产基地已经来不及供货，厂家不得已采用贴牌（OEM）来扩大产品的供应，以便把主要精力更加集中在终端网络上，此时厂家的角色中"商"的成分就上升为主导地位了。

更有前卫一点的，干脆把制造系统从整个经营业务中剥离出去，变成了一个纯粹的"商号"品牌。从转型前的制造商到转型中的"制造商＋零售商"，再到转型成功后期的零售商，区别这三种身份对企业的品牌化战略部署意义重大。

经营模式转型

那么，制造型企业与品牌零售型企业在经营模式上究竟有哪些差异呢？

概括来看，制造型企业比较多地关注产品的研发、设计和品质的管理，容易疏忽对终端用户和中间客户的研究。生产关注的核心是"产"，而零售品牌关注的是"商"，是"交换"，是如何才能交换成功，这就迫使后者更多地关注消费者心理和加盟商的需求。因此从制造型企业转型为品牌零售型企业，投资的重点、对物品的管理重点，以及对人力资源结构的设计都必须发生深刻的变化。

投资要从以生产流水线的配置、工厂的规模为中心转向市场的选择与分布、分销网络的建设、品牌的提升等。而当市场的贡献比重越来越大时，企业在制造方面则常常采取委托外包形式，以降低在制造方面的投入。

从重视产品的技术含量、开发的规模数量转变到如何更准确地根据市场的需求组合产品，与商圈（包括现在的生态社交圈）配套；从重视技术人才、工程师转变到重视与产品的市场化相关联的工艺设计人才、品牌营销人才。这是经营模式变化后的一个重要表现。

规划管理转型

制造商模式下，由于多数企业是接受订单运营的，因此企业的计划能力、控制能力往往不强，受外在的环境因素影响很大。譬如在人民币升值、国家宏观调控、全球经济形势急剧恶化等因素的影响下，大量生产型企业因无法抵御而被迫缩减生产规模，甚至倒闭。

但品牌零售模式下，网络的发展、市场的扩大是相对可以掌控的，可以通过合理的规划尽量地降低外在因素的影响。因为品牌运营的目标是将品牌价值植入人心，这是一个很大的工程。它已不是简单地卖产品，而是建立关系，为产品找到市场的根。

对品牌零售模式，需要的是不仅有思路，而且要能将思路系统化。需要制订品牌的战略规划，并有相应的商业战略规划，以及与上述战略相匹配的行动计划保障。

在渠道里，除了制订诸如"五年内专卖系统"一类的扩展总体规划外，特别要留意有步骤地、系统地提供对加盟商的经营支持计划。从对加盟商支持的过程来看，分招商阶段、加盟后的开业阶段及经营运作三阶段，每个阶段各有工作重点。

招商阶段要帮助意向加盟者认识行业的前景、认识品牌的实力和潜力、认识本品牌的运作规划、认识加盟后的发展前景等。开业阶段重在帮助加盟商选择合适的门店位置、帮助他们设计店铺的装修图纸、监督装修的质量、培训店长导购、建立专卖店的人、财、物、信息管理的基本作业流程，帮助策划组织开业的公关活动等。

第三阶段则要转入系统的长期的管理帮助计划。从简单的人、财、物、信息的基础管理深入到产品的品类组合、卖场气氛营造、经营中的成本控制、公司监管督导机制的强化等管理上。公司往往会按照每个时期的重点问题进行运动式改造，使对加盟者的管理达到点与面的结合。

互联网时代，信息化技术的融入成为对加盟商管理的重要和必要的手段。信息化技术不仅融入产品系统、客户系统，更要融入顾客系统，创造良好的客户体验。

生意观念转型

我们在第一章就明确指出：做品牌与传统的贸易型生意是不同的。好时光所向往的连锁零售店铺是品牌营销的一种方式，因此在经营的观念上也同样需要做出调整。

做批发业务的企业习惯通过人脉建立广泛的关系网络，将每一个可能的订单变成现实。"来者都是客"，善于交际，善于抓住身边的一切机会，善于培育客情关系，善于讨价还价；谈判中强调技巧，重视心理分析；主张薄利多销，对量大客户实行让利……这些经验和能力正是批发企业多年以来在贸易领域习就的，也是今天取得辉煌事业的原因所在。

但是，做品牌加盟与做贸易不同，它有自己的规则，这些规则与传统的"生意经"可能是不相容的。譬如原来做批发，产品卖出去就不需要管了。但现在还须管到零售商对产品的了解、对他们的促销帮助，要帮助他们把产品卖出去。如果卖不动了，还需要承担退货的责任。许多前卫的品牌商甚至打出了"卖不出的包退""我们保证你赚钱"的口号。

这是批发思维的企业无法理解的。它会造成原来以批发渠道为主流的厂商高管强烈的心理冲突，他们在一定时期内往往不能很快地调整自己的观念和做事的原则。此时即使引进一些零售品牌的人才，往往也因为势单力薄，无以抗争内部元老们顽固的批发理念。期间会有许多优秀的品牌营销专业人才因为批发企业无法提供其发挥能力的空间而失望离开。

因此，在上述情况下，这一类型的企业务必要保持战略方向不偏移，要坚定不移地为改革创造条件，发展零售品牌加盟，并掌控企业内部人才培养和政治工作的策略与方法，有步骤地引进"外脑"扩充进步力量，支持改革顺畅抵达目标。

企业文化转型

当企业发展的资源条件发生变化后，为了适应角色的调整，更有效地开展工作，企业文化也需要变革。我们知道企业最基础的竞争力就是它的文化力。不同的行业、不同的经营模式需要不同特色的文化去支撑。

商业企业与制造企业的文化是不同的。商业企业的价值观必须在商言商。何谓"商"？"商"意味着买进卖出。商业的高手必定是买得便宜卖得也便宜。买得便宜是降低成本，卖得便宜是吸引顾客，这是商业本质最核心的部分。

而商业经营的核心是人。商人从它入行的第一天起就应该懂得如何善待它的顾客，只有把顾客服务满意才能带来生意，所以"和气生财"是这个行当的千年古训。

人是最多样、最善变的，一千个人有一千个需求，生意要成功，就要把人服务好，必须琢磨人、读懂人，所以商业企业的价值观总是把人放在第一位。"服务至上""顾客没有错的"，是所有商业成功企业的精神瑰宝。

懂得商业的本质，才能使企业有竞争力。沃尔玛是最精于此道的，所以它的企业能够如此的成功。今天的卡思图采用会员制的新商业模式，但本质上还是应用了商道的最基本原则：自己买得便宜，让顾客买得也便宜。因此努力降低自身渠道的成本，让买者获得更多，是沃尔玛和卡思图的共同追求。

制造企业的核心竞争力在于"造"。"造"则强调实在，产品品质的可靠、效用和技术含量。但是受策略、能力、经验、人才和资源等方面的制约，没有一个制造者可以竭尽一个行业一个产品品类所有的优点。还是由于这些差异因素而使得每一厂家的产品各有特色、水平有高有低，如此而形成各自的竞争力。消费者对产品的本质要求是品质更高、价格更低，制造者只有把"质量至上"奉为自己的精神要义才能持续发展。因此，"品质是上帝""质量是生命"总是被悬挂在任何一个制造企业最重要的环境空间内。

品质的改进在于对技术的把握，技术是物质导向的，这与商业企业以顾客、以人为导向形成了重大差异，并由此决定了制造企业的文化相对商业企业来说更务实、更保守、更偏向于工程师的思维。

商业企业与制造企业文化的差异决定了二者发展的轨迹不同。如果一个制造企业沿用了商业企业的文化，这个制造企业的寿命是不长的，因为它有浮躁之嫌。商业企业采用了制造企业的文化，则会显得过于刻板，不能及时响应顾客需求。

所以，当企业的战略发生变革，从一个制造企业发展为零售企业时，它的企业文化也需要做相应地调整。否则实质内容变了，自己的角色感觉还没有变，必然会影响到事业的健康发展。

人力资源转型

在批发型企业里，几乎很难找到从事连锁零售专卖的人才。往往在批发门店很有经验的人，到零售店铺之后，那些经验反而成了包袱。

因为批发门店面对的是经销商，他们的购买行为与终端顾客的购买行为是大相径庭的。譬如，前者都是行业老手，属于专业采购，客户对每一款产品的材料特点、工艺特点都十分了解，对价格十分敏感，对服务不重视。零售店铺面对的大多是非专业购买，如此卖场的气氛、服务及沟通的方式就变得十分重要。由于多数企业缺乏相应的专业人才，要扩大市场，必然会遇到人才紧缺的问题。

一般情况下，对进入零售专卖渠道的批发企业来说，需要补充下述几种人才：一是招商人才；二是店面产品陈列设计人才；三是店铺形象设计人才；四是品牌推广活动企划人才、公关促销活动组织人才；五是了解行业产品特点的店长和导购人才；六是懂得区域销售推广与管理的业务人员、督导人才等。

不同时期、不同人才的地位作用不一样。对大多数连锁加盟品牌商来说，缺少的往往是店长型人才，因为它要求懂得产品，经验丰富。而由于原先采取这种连锁专卖经营模式的企业在其行业里都是规模比较大的，也是比较前卫的，大部分同行是他们的跟随者，因此可以在同行业里选择的人才就受到局限。

解决这个问题的一个有效方法是到需求关联度比较高的行业寻找。如搞饰品连锁加盟的可以到有品牌连锁加盟的大型皮鞋企业、服装企业、快速消费品企业和家纺企业等去寻找。

产品组织转型

产品问题不只是产品线的单一问题，还有采购的管理问题。对大多数由批发转型零售的品牌商而言，采购的管理也是个难点。

就笔者二十年咨询的经历来看，主要存在着如下几个问题。

第一个问题。

由于绝大多数转换商业模式的厂家的产品品种与零售的需求有较大的差距。为此，许多企业采用到其他厂家采购的方式来解决。又由于零售渠道开始之初，加盟商数量有限，每个零售加盟商每次需求的量又受到店铺数量的限制表现为批次多订单量却少，这样导致品牌商在采购上没有优势，也就不能获得高的经销差价。这样，前期的投入不少，但销售量起不来，亏损就在所难免了。

比如有一家专门做袜子生产的企业，准备做专卖店。但专卖店如果只出售袜子这个单一的品种，显然因为客单价太低而无法支撑店铺的盈利。于是该品牌商就到其他工厂采购了内衣等产品做补充。但店铺是一家家开出来的，前期店铺数量太少，每一个品种都需要下单做品牌化定制，如此造成采购成本高，采购价格也没有规模优势。如此它的店铺里的产品难以有竞争力。

这种问题的产生是由于工厂在转型做品牌零售商之前，对这个商业模式转型的理解不够深刻带来的。由于只将生产产品到开店卖产品做了表面形式上的理解，没有看到它背后是一个商业模式的变革，战略的变革，自然就不明白需要将关联的整个组织体制进行改革。这样必然导致前期雄心勃勃，走一段时间后因为资金的缺乏、人才的缺乏等问题而使转型夭折，出现虎头蛇尾的现象。这种情况非常多。

第二个问题。

因为要解决转型零售店铺的产品数量不足，一些企业就简单地到批发渠道去采购。这样做又面临着品牌风格难以表现的问题。由于品牌定位更加需要有针对性，要突出品牌的个性风格（这些对一个形象类产品就要求更高），而现实中批发市场上的产品款式往往大同小异，大多厂家是模仿型开发。品牌商将这样的产品直接采购过来，自然就难以表现品牌的风格。品牌没有个性、没有差异，就意味着它的产品仍然无法品牌化，无法在品牌最重要的基石——产品上无法表达品牌的特性，其产品自然还是会陷入价格战的泥潭，缺乏品牌竞争力。

解决这个问题的办法就是自己做设计，自己按照品牌的定位做好产品策略及其形式表现，然后再下订单。要创建品牌，品牌的"大脑"一定是自己的。拿来主义肯定行不通。

第三个问题。

有些企业也会先设计好款式再委托企业加工，这是一些比较有实力的企业做品牌时采取的模式。但是这种模式虽然能够维护品牌个性，提高产品的竞争力，但由于转型期间品牌商开设的店铺数量十分有限，销售的量也很有限。这样少量的订单自然就难以获得一个优惠的价格，从而使产品在成本上失去了竞争力。

如果不参与监控加工过程，品质又难以保证，又会损害到品牌的竞争力；参与监控则增加了企业管理成本，也会损害品牌的竞争力。

此外，虽然前期的店铺数量少，但麻雀虽小，五脏俱全。店铺所需要的货品五花八门，什么都要，每种货品订量却不多，这就大大增加了补货的难度，又使物流成本攀高，经常性的断货缺货于是就成为普遍现象。这种由于产品不够丰富带来的零售加盟商的销售损失，品牌商是需要承担一部分责任的，否则就没有人愿意加盟。

你看这个问题又回到第一个问题上来了。这说明什么？说明战略管理是一个闭环，你不在战略上布好局，必然会在之后的实施中不断碰到障碍且难以跨越。

解决的办法是在转型之初，就做战略规划，明确新的战略的具体路径。明确每个实施手段在研发、采购、制造、营销、物流、人力、资金与品牌文化诸多方面需要怎样的配套，并按照配套要求做好落地保障。

当然转型品牌零售商碰到的采购问题还有很多，比如采购的产品如果质量不到位，又会存在责任如何分担的问题等，这些问题在此就不一一赘述了，有兴趣的朋友以后在公众号里与大家继续探讨。

生产管理转型

前面已谈到，制造商运营模式下渠道的模式主要表现为批发。与这种批发模式相适应，产品的开发体系基本上还是生产导向型的，缺乏以市场为导向的体制、流程和考核体系。

譬如生产工人的工资基本上采取记件制考核管理。这种模式主要刺激工人在保质的前提下提高产量，量多则奖金多。但在零售模式下，由于前期是批次修订量少，那么不同的订单意味着不同的工艺流程，因为产品品种切换生产带来的生产效率就会受到影响，工人就不愿意接受零售店的订单。这也会导致前方零售店铺的产品断供。所以随着制造商变成基于零售的品牌运营商，生产管理体系也得变革。

价格策略转型

定价体系的改革与合理的渠道价格体系的建立也是以批发为主销售模式的制造企业不熟悉的领域。因为这类企业一般只管定出厂价，后面的价格体系是由渠道根据自己的情况制定的。因此，自己的产品应以什么价格销售，厂商很少能够了解。

一般在批发渠道里，到二级商层次，价格就开始混战了。而做品牌加盟连锁必须保证价格的稳定，渠道价格一直要管到零售为止，否则，零售商的利润就难以保证。因此顺加的价格体系就不合理，需要改成零售价倒扣模式，并由此设立每一层级的价格。

定价策略也不同了。原来企业对市场的管理十分简单，大多是坐商，不需要派业务人员去拓展、维护，销售管理成本比较低；同时不需要考虑最终消费者的拉动、品牌的推广等，营业推广最多就是简单的打折促销，市场管理成本也低，因此企业是根据工厂的材料成本和人工成本上再加上行业的平均利润率来制订出厂价。

但做品牌连锁加盟零售就不同了。它必须考虑销售成本与市场推广成本，此外还有为培育加盟商的系列投入，在品牌和分销网络建设上的投入。这些投入如果没有一定的利润空间就无法完成，如此定价体系上必须进行改革。

这个改革又牵扯出系列问题，如：同一个工厂的同种产品，两个不同的渠道价格相差很大，消费者一旦知晓，是否有被欺骗之感？如何协调？产品的质量是否能够支持价格的大幅度提升？诸如此类都成为价格策略中的改革要点。

店铺销售管理转型

零售店的管理大量涉及店铺陈列、促销推广的策略和管理，无论是线上还是线下。零售店铺与批发店铺表面上都是店铺，但两者的经营模式和管理方法大不相同。

零售店铺直接面向顾客，非专家购买，因此引导顾客冲动型购买是店铺销售的一个主要策略。为此，零售店铺需要抓住每一个可能引发顾客购买欲望的时机进行促销。节庆显然是制造购买理由的好机会，因此几乎所有的店铺都想方设法从节庆中找到与自己产品的关联。

线上店铺因为空间足够，可以在产品信息介绍页面做足够的产品信息铺陈，促进销售转化。而线下受物理空间局限，有一定困难。但无论是线上还是线下，做零售的核心就是要刺激顾客的消费情绪的产生，将其理性的需要变成感性欲望，转化为购买冲动。

厂家做批发的店铺则面向商人，属于专家采购，批量采购，因此在这里奉行薄利多销。这些商人对产品、对厂家非常了解，他们关心的焦点在于利润的多少，因此对价格的折扣、厂家政策十分敏感。相比零售店铺的消费者而言，他们并不在乎购买时的环境怎样、服务态度怎样，因为宽敞的陈列、考究的装潢、五星级宾馆一样的服务……这些并不见得带来更多的利润。

上述这一点是批发店铺与零售店铺销售管理的本质。不理解这一点，把两种管理模式混淆起来，就会走上歧途。

有这样一个企业，老板非常善于学习。在不断地接受培训专家们关于形象工程重要性的教化后，决定改造自己的批发市场的门店。其实他的门店在同行里已经堪称上游，服务质量与同行相比也算很不错了。但是，老板的眼界高了，懂得什么是真正的好门店形象设计，懂得门店的形象对提升销售力是如此的重要，因此觉得自己的店铺需要改进。

在接下来的数年里，老板几乎是每年花大代价请专家来设计店铺形象，每年给他的店铺穿上新装，并邀请五星级宾馆的咨询专家专门来给自己的门店营业员培训服务态度和服务技巧。结果是门店越开越大，装修档次越来越高，门店确实也越来越漂亮，在渠道里的口碑也越来越高，但随之而来的公司营运成本也越来越高。尽管销售额增加得不算慢，但成本爬得更快，无奈只有不断地给产品提价，于是导致客户不断地流失。

问题出在哪里呢？无非是：在制造商运营的模式里搬用了零售商的销售管理模式，脚与鞋子不匹配所致。

批发渠道下，店铺的选择比较简单。只要选择当地最大的批发市场最显眼的位置即可。在零售店铺的管理中，位置的选择却是个非常科学的问题，并对销售的成败具有十分关键的影响。"不选最好的，只选最合适的"是品牌加盟零售运营商的一个要旨。再好的产品、再强的品牌，没有选对位置，就意味着没有足够的目标顾客入店，生意自然难以兴旺。

选择位置的核心标准就是找与自己的品牌市场定位一致的人群，在其出没最多的地方设点。同时，必须结合该地段的店铺租金、门店的宽度、深度、高度的结构合理性、门店周边环境的协调性、门店人流的时率、人流的方向性等多个因素进行综合评估。因此一个定位在高端的饰品就不能将店铺开在菜市场旁边，否则就是对品牌的伤害。

由于流行饰品的核心卖点是时尚，因此大量的专卖店都设立在时尚街上。过于高端的精品商厦并不适合流行饰品进入，因为流行饰品与传统的珠宝金银饰品还是有档次上的差异的。最高档的流行饰品往往与较低档的传统珠宝金银饰品形成价格交锋。流行饰品定价过高后，与它形成竞争的不只是同族的流行饰品，还有传统金银珠宝饰品。这就变成替代品为主要竞争对象了。

这些关于品牌定位运营的战略性认识，即使是对产品已比较熟悉的加盟商，也往往达不到这个高度的领悟，从而影响到他们的具体行动。由此品牌商在此方面的支持就显得更为重要了。

传播转型

在品牌连锁专卖零售的模式下，品牌最有力的传播点也是最需要整改的传播点是店铺本身。包括店铺的外在形象、店铺的陈设、店铺的产品、店铺的人员、店铺的气氛等一切与顾客接触的要素，这些要素能否与品牌的定位相一致，从不同的角度贯彻品牌的意志，表现品牌是传播的重点。

由于每个店铺都会形成自己独特的顾客群体，而与这些顾客的关系处理状态将直接影响到店铺的销售力，因此在这个模式下的促销又将关系管理作为自己的主要深度学习目标。大多数企业都会建立会员俱乐部，培养与老顾客的感情，希望老顾客能带来新的顾客。为此除了记录老顾客的详细联系资料外，还要定期地让出一些惠利给老顾客，搞一些公关活动来"收买"他们。

除了做上述这种长期性的传播促销工作外，根据每个节庆特点设计不同的营业推广型的促销传播活动，也是这个模式的必要手段。在各种有名堂的日子，消费者总会收到各种让利活动的邀请。

这种传播转型不仅采用了整合营销传播的思想，更是将之提升到品牌接触点管理的高度。后者更强调在企业经营的所有与顾客的接触活动中贯彻品牌的意志，使品牌得到最有效的表现。

这一切与制造商模式就形成很大的差异。因为在制造商的概念里，这些工作都是经销商的事情，最多就是自己给经销商返点利。没有品牌规划，更没有围绕着品牌战略所展开的品牌传播活动。

当然从制造商转型成为品牌连锁加盟零售运营商，所要注意的事情还有很多。譬如如何进行产品的有效配置，导入品类管理，终端的陈列如何根据产品的特点设计表现，督导工作如何开展等，这是一个系统工程。对于大多数主要利润来源是从批发和订单加工中获得的企业老板来说，如要进入这个领域，确实需要熟悉和掌握太多的知识和经验。

CHAPTER13

第十三章

品牌新征程

从许力开始打退堂鼓到最后撒手不管，再到店铺的烂尾由李阳去收拾的一年时间里，许爽领导的渠道改革在经历挫折后还是摇摇晃晃地前进了。

特别是许力的新品牌零售店铺的遇挫，使许爽更下定决心将老渠道升级改造做好，她相信专家组的观点：目前好时光的资源与外部的条件更适合将现有的批发渠道进行转型、下沉，直接过渡到控制零售、品牌化整合零售。

分销网络一拉开，渠道一下沉，门店的人员就被逼着向周边的零售店主动出击，他们一有空就去拜访周边这些小店铺，维护感情、推销新款，一段时间后发现效果还真不错。

门店再也不像从前那样按照当次进货量的核算价格折扣，而是严格遵守好时光给的身份等级享受价格折扣，因此哪怕经销商当次进货额只有一千元，也还是按照四折供货，而零售商即使首次进货达到一万元，也只能拿五折。

而且每个门店还按照公司的要求，将不同级别的渠道客户按照销售规模、销售增长率、诚信度等几个指标分为ABC三级，年终又根据客户的业绩和配合管理等几个指标的完成情况进行评价，重新确定级别并发放奖励……

许爽是一个很愿意花代价去达成目标的人。她的改革还不止在渠道上，尽管专家组的方案并没有提到门店的形象改革，但许爽善于学习，见的世面又大，她本身就是个非常唯美的人，什么事都追求做到极致，而饰品本身就是个"漂亮的"行当，因此，她花大代价请品牌设计专家做设计，把她在全国的经销门店个个都包装得宽敞明亮，在批发市场真是鹤立鸡群。

她还一年搞几次经销商大会，专门请了国内最优秀的会务公司来策划组织。会议办得又专业又气派，参会的批发经销商、零售商们都赞不绝口，信心倍增。

图 13-1　好时光在市场里鹤立鸡群

而另一方面批发市场的门店随着零售的普及，逐渐开始萎缩，二级经销商们的数量日益减少，批发市场逐渐向批零兼营方向发展，到市场来进货的越来越多的是零售商，甚至许多是消费者。

一旦与零售商建立联系，好时光的营业员转成的业务员就会牢牢地抓住，用各种暖心的方式方法维护客情关系。如此好时光的客户结构不断地在改变，批发经销商的绝对销售量和比重都在减少。

配套零售商客户群的扩大，许爽开始按照专家组的意见调整组织结构，增加面向零售商的支持帮助部门从多岗一人，开始变成一人多岗，直至形成一个独立的部门。比如培训，原来只是人事兼任，现在不仅单立设岗，而且经过两年的发展，变成了一个独立的部门。

图 13-2　经销商大会上许爽的演讲鼓舞了士气

为了帮助零售商拉动消费者市场，好时光又开始实施新媒体营销计划。新媒体营销最早是办公室兼职，后来放在企划部，到如今已是独立的部门。电子商务也做得不错，不仅进驻了天猫，还入驻了京东、唯品会……针对抖音、快手、小红书等新媒体，也请了专职特长者在运营。

公司的自媒体更新频率也逐渐增多。

如此运作下来，好时光渐渐地在消费者心中也开始有了影响力。虽然暂时不能与施华洛士奇等国际品牌相提并论，但明显地在中国市场的流行饰品品牌中，有了一席之地。

与此同时，好时光又收购了法国的一个饰品品牌，将这个品牌独立于好时光之外，专门在上海请了一个团队来运作。这个品牌的定位就是高端市场。这也是专家组的建议之一。虽然目前这个品牌还在探索中，但初步显示的前景值得期待。

两年的时间很快过去，好时光的销售规模虽然没有太大幅度地提升，但单品毛利率明显上升。当然因为这几年持续往消费者市场、零售商渠道做投入，利润结果情况并不令人满意。但为了成就品牌，这些投入又是必须的。许爽与她的团队都能够理性面对。

按照专家组的区域营销策略，好时光对那些欠发达地区，并没有导入零售体系，仍然保留批发渠道为主要模式。因为这些地区按照专家组的说法，市场还处于成长期，购买者的能力不够，沿用批发经销的模式还有机会。

对于这些地区的经销商，好时光主要通过足够的价格差刺激渠道，也没有对当地做过多的品牌投入，给予代理商的支持策略很少，而这些地区经销商最在乎的也就是价格，每次来门市部，总是离不了各种方式的讨价还价。

图 13-3　欠发达地区的经销商还是老套路

这个问题好时光处理起来很有经验，不是难题。难题在发达地区的渠道上。

由于发达地区的零售商越过批发商直接到厂家进货，他们不到好时光，也会到其他竞争品牌那里。好时光代理商的销售额日益萎缩。按照好时光的要求，发达地区的代理商必须进行零售转型，直接开出零售示范店，同时发展下游的零售加盟，并对他们提供销售配送、培训、简单的维修等基本服务。这其中有转型比较成功的，但仍然还是有一些代理商并不能成功转型为零售服务商，往往还是传统的夫妻店模式，不能建立起一套面向零售商的服务体系，训练出一支营销队伍。

但这些代理商与好时光已经合作几十年，许爽跟他们的感情很深。此时如果淘汰他们，许爽感觉自己很难做到。但不这样做，又该如何呢？

同时，网络上的流行饰品店铺越来越多，消费者挑选产品并不是看质量，他们似乎更关心款式和价格。而好时光因为企业规模大，管理成本比一般小厂高得多，因此价格就很难比拼。这样零售商的稳定性就不强、代理商也抱怨。

另外，虽然实施了渠道封闭，公司与代理商签订了专卖的协议，不允许代理商同时经销代理其他品牌，但似乎很难控制住，因为很难证明代理商的货百分百是从好时光进的。

图 13-4　新款到零售市场很快被模仿复制

许爽面临着到底是参与"价格肉搏"，还是坚持做品牌的难题。因为品牌需要投入，价格规划上必须留出足够的空间，如果直接与其他竞品拼价格，品牌就无法投入了，这个矛盾又如何解决。

更有一个棘手的问题是：好时光开发的新款到零售市场很快地被模仿复制，企业无法享受新款带给自己的红利。因此好时光只能将新款都发给实体店，网店只是作为滞销品的处理地。但这样网络的销量就上不来，而实体店的零售加盟商为了保护自己的新款，也是费尽心机。

图 13-5　要注意对面那家来偷看

一次加盟商大会上，一位漂亮的女老板说："我每次上厕所时就得把耳环、胸针摘下，因为那些竞品同行会一直盯着我看，她们知道我身上戴的肯定是最好卖的，所以一旦被看到了他们马上按图索骥，到公司的门店进货，然后就比着我的价格卖。我卖 100 元，他就卖 90 元。防不胜防啊。"

显然，这些规模较大的零售店铺是好时光根据新策略直接发展起来的终端，通过它们，好时光可以激励大代理商，同时也为自己最后的渠道全面零售化升级做好准备。但现在这些零售老板们被小店的价格战打得难以生存。好时光该如何对待呢？

零售店主们要求许爽进一步制订差异化的管理政策。对他们这些大店，不仅价格折扣上要有更大的力度，而且产品款式上要有独特的惠利，促销支持上也要有更大的力度。

许爽发现，从批发转向零售、创建品牌，自己的压力越来越大。投入与产出不成比例，对手也越来越多，渠道更是越来越难控制。这品牌的道路真的不那么好走！

图 13-6 许爽决定找彤老师好好商量一下

许爽想，这些新出现的问题，还是要找彤老师好好商量一下。第一次合作是很成功的，如今过去了两年多了，应该再进行一次新的合作，请彤老师他们再规划一下品牌后续的发展道路。

案例思考：

如何理解好时光的品牌发展新问题？你认为新形势下，好时光的品牌战略应该怎么做？

案例解析

好时光按照彤老师团队给出的方案进行老渠道的改造升级，已经取得初步的成效，发展的方向没有问题。

新出现的问题分三个方面。

（1）区域营销策略因区域市场发展的差异性展开，发达地区的代理商在发展中出现了不平衡。如何对待？

（2）各地零售商的发展也不平衡，需要建立新的策略。

（3）品牌还在建设中，投入必不可少，但获益还需时日。品牌不能溢价，价格战却迫在眉睫，如何对待？

根据这些问题，好时光可以做好下面几项工作。

◉ 赋能渠道，帮扶转型

上述第一、第二个问题都属于管理问题。实施区域营销策略后，发达地区的代理商的零售转型发展步子快慢不同，需要不同的政策；零售商大小不一，需要不同的政策，因此基本上可以通过管理方案来解决。

当然对于第一个问题，好时光首先要学会渠道赋能。可以多出一些帮扶策略，帮助后进者，同时建立标杆总结经验进行推广，让后进的代理商明确工作思路。

其次，在经过帮扶后，主观上不够积极配合，上进心不强，客观上各种条件不具备（比如学习力不够，不愿意花代价建立团队的），对这些代理商要有决心进行奖快惩慢，刺激渠道更快转型，实在达不到的必须淘汰。这是对企业负责的正确态度，不能感情用事。

◉ 客户细分，深化客户关系管理

对于零售商，要进行更进一步的客户分类，对不同类别的零售商实行差异化的帮扶策略和激励政策。比如给予更多的技能培训、活动支持、货品新款投入。零售商是好时光品牌发展的主力军，应该在资源配置上予以倾斜，下大力气做好零售商的服务和品牌支持。

对于零售商的关系处理，要从多个维度入手建立密不可分的联系。最深入的关系就是让企业嫡系业务团队成为零售商的品牌营销顾问，帮助零售商解决实际问题，提高其业绩。次之，可以按照零售的功能，促使其既成为零售商的助手。

◉ 品牌之果未到采摘时，需要持续投入

至于当下面临的价格战，这是品牌创建路上必须面对的。做品牌就像种树，树没有长大前不会结果，也无法采摘果实，此时就要有耐心，持续为它浇水施肥地付出，等待它的成长。

事实上就是品牌之树到了开花结果的阶段，仍然还是要持续给它投入，以营造良好的生长环境，否则再强大的品牌也难以保持活力。所以那些曾经名噪一时的品牌，因为后期不愿意花力气培养了，就变成了"墓地品牌"。

懂得这个道理后，更要坚定做品牌的决心。

◉ 品牌化的沟通需要与时俱进

从案例故事看，好时光的工作重心还是放在渠道上，这也是传统企业做品牌的一个习惯性特点。因为一直就是靠"产品+渠道"起来的，比较直接。显然，好时光与消费者沟通方面做得还不够深入。

案例中许爽在新媒体上虽有所投入，但是投入明显是不足的。比如在小红书、抖音、快手等平台上的运作，只配备了一个专岗，这种人资配置与品牌战的发展趋势不符。因为今天的品牌战已经进入生态战，每一个平台都有自己的生态规则，试图用一套策略面对所有的平台，很难保证品牌价值的影响力。

今天媒体即渠道，这些平台就是渠道，好时光不仅要关注传统实体渠道的发展，更要关注这些自己不太懂的领域的好时光能力的培养。

在这里，好时光首先要根据自己的品牌定位选好平台。其次是建立一对一的平台品牌营销策略，并配置好团队。而自媒体仍然是非常重要的一个影响力量，不能正常运作就满足了，而是要努力去提高其品牌化的表现能力。

当然上述这些思想需要借助彤老师团队，将其转变为一套可以实施的操作方案，这样才能真正落地。

● 竞争快半步，迎接挑战

不变是暂时的，变是永远的。只要企业还在，企业就必须选择与环境互动，保持与环境的平衡发展。

互联网时代已进入下半场，5G 的来临，催生了品牌化营销的进一步创新。品牌的创建者没有歇息的时候，必须永远前行，要学会快半步把握变革创新的节奏。

什么是竞争"快半步"？说的就是竞争新策略的采用只需比竞争者快半步就好，不需要快一步、快两步，更反对慢一步、慢两步。

为什么呢？因为过早，市场不成熟，企业的培育成本太高；过晚，同行就会抢先。在这个充满了噪音的时代，谁先说，成本与机会则大不相同。因此"快半步"是竞争中的一个法则。充分地运用它，企业将受益无穷。

此外，竞争"快半步"的原则还提示我们在实践中要学会敏变，要关注环境条件的变化。一个再有效的策略，或者说一个被实践检验证明是非常伟大的商业模式、营销模式或广告策略随着时间的推移也可能会变得无效，甚至产生负效用。

企业的经营决策永远是在内外环境的变化中找到自己的位置，这本质上是一种适应条件的平衡。

为了坚持这个原则，大家在创新学习中必须学会识别创新的条件。尤其是经常通过各种渠道听企业管理课的朋友，更要注意这一点。

因为讲师对于你的实际情况并不了解，他讲的是一般真理，能否为你所用，适合你的情况，这就是条件识别。被课堂情绪误导做出的未经系统验证的决策很容易发生偏差。

企业创建品牌更是如此。本案中，做品牌几乎成为所有做外单加工（或者做产品）的老板和所有被价格战刺痛的老板们的梦想，但是并不是所有的企业创建品牌的梦想都能够实现。做品牌需要具备基础的条件。如果还没有，就要去创造转变的条件。

许爽的高明就在于她非常有悟性、有理性，能听得懂专家说什么，不一意孤行。因此她接受了基于自己的渠道资源与自己企业的能力，以品牌化的手段来改变渠道，逐渐过渡到品牌。

而当外部的市场、行业的格局、内部的资源再次发生大的变化后，特别是渠道中客户形态发生变化后，许爽便需要进一步考虑进行品牌升级发展的大计了。许爽洞察到这个变化，先半步进入变革，展现了许爽作为一位优秀企业经营者的素质。

那么，从理论上看，到底如何辨别市场环境新形势下，品牌战法的变化趋势呢？下面的深度学习篇提供了如何结合产品的生命周期建构企业竞争战略的思维路径。它将告诉你：产品成熟期，品牌是公司参与竞争的重要利器。而当产品进入衰落期，新的替代品出现，企业参与竞争的武器就不应该仅仅是品牌，还需要在产品上迭代。

就像当年智能手机代替了传统功能性手机，即使强大如诺基亚，还是被新兴的苹果打败了。苹果打败诺基亚的不是品牌，是升级换代的新产品。

如今所有的传统产品，都需要结合当代的智能技术、互联网技术进行升级改造，如此品牌才能伴随着产业周期的变化获得持续的发展。

深度学习

不同产品周期企业参与品牌竞争的战略要点

能够带领企业持续在市场竞争中站稳脚跟并发展的都离不开战略家的眼光和行动力。而一个企业如何参与竞争，是不是有规律可循？

事实上，产品生命周期的理论对我们找到自己的竞争战略具有十分重要的指导意义。如果企业希望在战略上找到适宜自身发展的方向，请好好梳理一下产品生命周期不同阶段的竞争战略。这里讲的产品生命周期是指由一个新技术带来的某一产品类别进入市场，从导入期到成长期、成熟期，直至衰落期被另一个升级技术新产品替代的全过程。一般来说，一个由新技术带来的新产品的发展分成四个时期：导入期、成长期、成熟期和衰落期，每一个周期里的竞争战略要点虽然因为每个企业的特点而有差异，但是却有共同性。

导入期：要善于利用和掌握新技术

行业竞争早期，什么最重要？当然是发现新的市场机会。

怎么发现新的市场机会？有没有规律？

想一想钢结构代替传统的混凝土结构，为什么能变成现实？因为钢结构比混凝土结构更具有环保、抗震、制造周期短、综合成本低、空间利用率高等优点，于是钢结构就成为混凝土结构的替代品。于是钢结构行业就发展起来了。

显然，如果一个企业在新市场的起步阶段进入这个行业，可以说是获得了"天时"。因为此时期的市场正处于上升期，竞争者很少，行业还处于萌芽状态，大家的起点都很低。

简单地说，这时期的入行者只需要具备艰苦创业的毅力和耐力，以及对风险的承担能力往往就能成功。因为成功的 80% 得益于他对商机的把握，就像一只聪敏的小老鼠找到了一块大奶酪。

但是，今天对这个阶段入行的企业来说，你的基础是在上一阶段这类产品的性价比能力达到最优的前提下，结合当代互联网、物联网技术及 AI 智能技术，将此技术融合到你的传统产品，重新开发出一个升级版的新产品。比如家居产业进入智能家居时代，钢结构建筑与信息工业化融合，如此进入了一个新的产业周期。当下的中国产品大多处于"智能 + 互联网 + 传统产品"的新产品的导入期阶段。

与上一周期此阶段的核心打法一样，这一阶段企业要取胜，关键还是要找到掌握新技术的人才，形成新技术能力，生产出新产品。新技术背后就是人才的竞争。

成长期：性价比与快速扩张最重要

新产品萌芽期，生产者凤毛麟角，行业还处在萌芽阶段，而市场的潜在需求却往往有一个更大的面。当产品供应到市场后，市场普遍认同了，潜在的需求不断地被激发，并呈现出几何级数放大的状态，此时进入成长期。比如电动汽车被认可，当下进入快速成长期。

由于此期生产者刚入行，技术、工艺还在不断地改进中，熟练工人储备也处于积累阶段，生产的能力还较低，于是就会出现行业发展的速度赶不上需求发展的速度，即通常我们所说的供小于求的局面，此时厂家只要能提供功能质量有保证的产品就可以更快地获得市场。

这就决定了此期厂家的核心资源必然集中在制造与研发技术上。因此竞争的关键在于产品的品质、工艺质量的改进、生产效率的提高、管理成本的降低，这是这时期企业成功的关键要素。当前许多科创企业取得巨大的发展都是源于在这些关键要素上做得好。

从价值链的角度分析，此期企业的价值增值主要围绕着产品研发和制造展开。研发方面可以从配方的设计组合、品种开发速度、数量、结构设计优化、模具设计开发、流水线设计开发与包材研发等多方面展开。

制造方面可以从设备与模具的差异性、工艺的成熟性、定制能力、质量的稳定性等方面展开。技术资源的差异决定了不同的企业往往只能在其中一个或几个方面进行突破，于是形成了不同的企业产品竞争力。

营销与服务作为价值链的两大主要环节在这一时期相对于研发环节是次要的，营销上主要解决的问题是：快速扩张。因为需求高速度成长，企业需要迅速跑马圈地占领市场。

此时，营销上的促销推广并不需要花很大代价。多数情况下，公司只需提供简单的市场信息：本公司有这个产品，品质如何，售价比别家低……就可以了。在消费品领域，厂家能否快速成长在销售上的配合需要依赖广告，而简单的通知型广告只要投放足量，引起人们的关注就万事大吉了。所以此阶段，不需要殚精竭虑地搞促销。

在工业品领域，为成品进行材料配套的生产企业，则连广告都不需要，只要老板本人或派个亲信跑一圈需求方生产基地建立联系，一对一沟通建立合作即可。而且这些生产基地往往都比较集中在某几个地区，只要保证同等品质下价格有优势，或者价格略高但品质有优势即可。因此这时期的研发人员与生产技术人员是企业的宝贝。公司的经营活动也表现得比较单纯，更多地类似于一个制造型的工厂。

这个阶段企业的进步会非常快速。因为这种管理相对是内向的，往往是一种技术攻关，它不像市场营销那样存在着太多不确定的信息、太多的中间环节。再加上企业此期都极具创业精神，市场上又极需要此类产品，所以此期企业焕发出的战斗力特别强。

我们在咨询过程中发现，可能前一个月还存在着10个问题，过一个月到咨询报告时，问题已减了大半了。而相比之下，营销中的问题特别是一些体制性的问题，可能今天报告了，隔了四年，发现还是老样子——没有变！但这一点在这个时期不是十分重要。

所以如果企业所制造的产品处于成长期，当务之急是快速建立分销网络，提高产品的性价比。目前正蓬勃发展的养老产业、大健康产业的新产品、新服务大多正处于这个阶段。

成熟期：品牌战，更挑战您心智的经营能力

但是，随着行业的发展，精明的企业经营者很快就会发现，改进工艺、提高质量管理能力、改进生产效率、提高材料的利用率等方面的进步是有限的。原来每小时一个工序只能做100件，现在能做到500件了，再往上走就困难了。

更令他们痛苦的是，他们发现自己已经成了黄埔军校，技术骨干、熟练工人不断地被挖走，进入一个个新的企业，这些新同行借助了他们的技术，在他们的肩膀上起步并快速成长。

这一招是如此管用，特别是受多数人认同的"商场如战场"观念，让"借力"在中国成为符合商业伦理的行为。

于是在生产上，企业家们在思考：能否将企业不同价值链所有的环节进行通盘考虑，使其协同发挥作用。像装饰行业的龙头企业金螳螂的大工管战略，就是将生产各相关要素如用工、材料等各个环节融合起来，通过各种技术手段来降低产品成本。

也就是说，在研发、采购、制造、营销、物流等价值点，单点取利是不够支持竞争优势形成的，必须全面取利，相加总成达成成本优势。这是制造行业竞争加剧后的必然结果。

在消费品行业，当这种整合价值链达成的成本优势，靠改进工艺、提高质量、降低管理成本的路走到极限，行业中大大小小企业的产品从质量来看已相差无几，达到产品的高度同质化时，企业就必须换一种打法。战略思想需要从拼性价比，比成本转到拼精神，拼与消费者的情感关系、信任关系。这就是消费品行业成熟期企业参与市场竞争的品牌战法。

但是在工业品材料市场，由于需求过于刚性，很难通过品牌竞争力来拉动需求，因此竞争可以考虑在供应端展开。我在2008年开始参与中国建材南方水泥的市场整合、管理整合与品牌整合，以及2019年再到北方，参与北方水泥与冀东水泥、亚泰水泥的管理整合咨询项目，从中更加深切地体会到整合在工业品市场对竞争的重要性。

但是做品牌同样有风险。

我们知道，精神的力量是无限的，在这里可以做更多的文章。但是这与物质力的改进一样，需要投资，需要"烧钱"，而且前者花的钱可以看到有形的回报，犹如物物交易，符合了经营者一贯的经验模式；而情感联系属于精神路线，它植根于购买者的心灵中，需要改变他们的消费观、改变他们的心理感受，这当然是更难把控的。

而且，消费心理学是门新兴的学科，加上品牌的建树不仅是一个消费心理学单门学科就能够解决的问题，还有传播学、组织行为学、管理学等，这些都是人文学科，它们不像化学实验那样清楚明了。因此最后投在品牌这方面的资金常常难以得到回报。这其中与企业的品牌战略规划能力或管理能力的薄弱有密切关系。

但是总体来看，到了产品成熟期，品牌战是参与竞争的必由之路，千难万险也要走。因为这是产业竞争的天道！

衰落期：新产品、新技术的培育

产品都是有生命周期的，笔者做了一百多个行业的咨询，二十年的时间，看到了很多产品的兴衰沉浮，没有一个产品能逃出这个规律。即使是那些钢铁型材产业，好似水泥钢铁没有替代品，但是基于细分市场的出现，特种水泥、特种钢的市场需求兴起，传统的425水泥、螺纹钢的市场萎缩，仍然是演绎了这个规律。

所以当一个产品进入衰落期，作为企业的决策者必须考虑先一步找到替代升级的产品，需要找到这种新产品的技术，掌握这种技术资源和技术能力。这又回到了产品导入期的竞争轨道，只不过是一个更高级别的循环。

因此这几年各行各业都纷纷兴起利用新技术来提升客户体验或者提升管理效率。笔者最近提供咨询的家装行业尤其如此。那些家装行业的大品牌无一例外地都引用了信息化技术，以及 AI、VI 技术来提升自己的竞争力。因此案例中的好时光，在当今这个时代，其参与竞争的战略中除了引入品牌战，同时还必须引入这些新技术，以超越于同行的顾客新体验来击败对手。我们期待好时光与各位读者朋友的企业在新时代奏出新的发展篇章。

中国建材南方水泥成熟期品牌竞争战略案例解读

工业品市场，卖的是材料，购买者是专业采购。从行业视角来看，进入和退出壁垒都很高，因此一旦进入，必然杀得血雨腥风。如此情况下，竞争战略该如何选择？

与消费品市场不同的是：消费品市场都是市场导向、顾客导向，但显然在一个成熟期的水泥市场上，这一招没有用。因为购买者要的就是性价比。品牌固然有用，但品牌的价值主要不是体现在价格上，即使行业老大海螺水泥的价格溢价也只能达到 5% 左右，品牌主要体现在更容易获得信任。所以没有品牌肯定不行。没有品牌，单靠价格战，可能投标机会都没有。但是光有品牌还是不行，剩下的企业都不肯退出，拼得你死我活，行业整体亏损。所以差异化的竞争战略需要考虑新的模式。中国建材的宋志平主席（如今退休，担任中国上市公司协会会长），领导了中国建材水泥板块的团队，在短短几年里创造出一个神话：将中国建材从没有一颗水泥的企业，变成了千亿级水泥规模的世界大企业，个中的布局、战略思想非常值得思考学习。

我们有幸参与了这个神话缔造的咨询，我们承接的项目是南方水泥收并 300 多家企业后如何进行市场整合、管理整合与品牌整合。项目从 2008 年开始，一直陆陆续续。到 2019 年，又到北方，承担北方水泥与北方两大水泥企业亚泰和冀东的联合经营项目咨询。中国建材这个项目获得了巨大的成功。如今该项目已进入哈佛大学的案例库，中国建材的品牌发展赢得了中国企业的进一步尊重。

下面就这个项目背后的竞争战略逻辑给大家深度交流。笔者的这个视角是市场竞争的视角，逻辑也许与宋志平先生不一样。所以大家如果有兴趣阅读宋志平先生的著作，不妨对比一下其中的差异。

2007年以浙江为核心的中国南方的水泥市场上，竞争的状态是怎样的？

首先是僧多粥少。行业产能已存在30%过剩，如果放到别的行业，这种情况下，就会有一些企业被优胜劣汰，主动退出擂台。但这时候的水泥企业却不一样，大家都已经更换了新的生产设备（新型干法生产线），彼此实力相当。（当时浙江省共222个水泥企业。前三名企业所占份额仅26.98%，企业平均规模仅47.5万吨）。在这种情况下，谁也不服谁，结果必然是血战。

结果是，平均利润降到2元/吨，而且还是在大家一年中平均停窑时间58天的情况下。即使打得如此激烈，如果在一个异质性市场，比如成人女性时尚服装市场，竞合未必可行。因为需求差异太大了，你的审美与我的审美完全不一样，大家各圈住一小部分市场，就都有饭吃。特别是参与时尚女装这个市场的竞争，靠的是款式设计又快又时尚的能力。

但是在水泥这个传统的行业，客户价值却大不一样。从需求角度看，用户购买和使用水泥最关注的是什么？是价格、产品性能、质量、付款方式（垫资）、供货保证、快速响应与服务。

虽然不同的客户对这些要素排列组合先后的顺序不一样。比如一个做管桩的大企业，它可能在价格的基础上更在乎产品的质量性能、供货保证和快速响应，对价格不敏感。而一个建筑公司在价格基础上，更关心付款方式。

但请注意，无论是管桩厂还是建筑公司，在水泥这个无差异标准化产品上，作为一个基础材料、生产资料，价格都是客户第一关注的。因此普通标号水泥行业的竞争本质上就是价格竞争。这个认识非常重要。企业只有看透了竞争的本质，才能把握住战略的核心。（普通标号水泥：主要指425、525、325，目前水泥行业主要就是这些水泥。特种水泥需求太小，这里不做探讨。但如果是特种水泥，竞争关键要素是不一样的。）

水泥的产业链包括矿山（石灰石矿山和煤矿）、熟料、粉磨、物流和销售（见图13-7）。

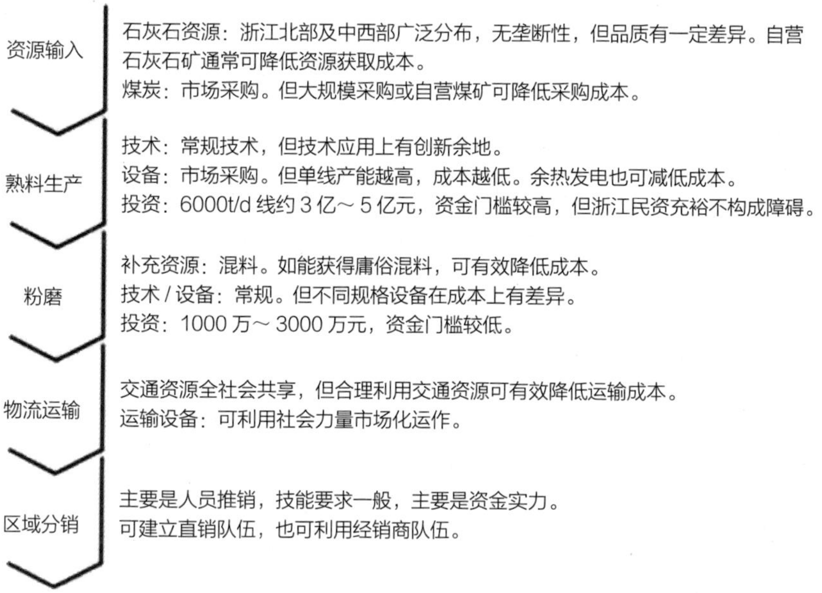

```
资源输入 ──▶ 石灰石资源：浙江北部及中西部广泛分布，无垄断性，但品质有一定差异。自营
              石灰石矿通常可降低资源获取成本。
              煤炭：市场采购。但大规模采购或自营煤矿可降低采购成本。

熟料生产 ──▶ 技术：常规技术，但技术应用上有创新余地。
              设备：市场采购。但单线产能越高，成本越低。余热发电也可减低成本。
              投资：6000t/d 线约 3 亿～ 5 亿元，资金门槛较高，但浙江民资充裕不构成障碍。

粉磨    ──▶ 补充资源：混料。如能获得庸俗混料，可有效降低成本。
              技术/设备：常规。但不同规格设备在成本上有差异。
              投资：1000 万～ 3000 万元，资金门槛较低。

物流运输 ──▶ 交通资源全社会共享，但合理利用交通资源可有效降低运输成本。
              运输设备：可利用社会力量市场化运作。

区域分销 ──▶ 主要是人员推销，技能要求一般，主要是资金实力。
              可建立直销队伍，也可利用经销商队伍。
```

图 13-7　水泥行业价值链战略环节分析

从整个供给链条来看，产业早期、成长期，要参与水泥行业，可以选择在整个产业链任何一个环节进入，只要产品可靠就可以分得一杯羹。卖石灰石的有矿就可以，做熟料的，设备市场上采购就可以了，技术也很常规化。

这两个环节主要的问题是对资金要求比较大，那时候，5000t/d 熟料线要 5 亿～ 7 亿元，粉磨线少一点，也要 5000 万元到一亿元。相比那些卖饮料的行业，这个行业这几个环节显然属于资金密集型，因此相对来说都是财大气粗的企业。

因此那些没有资金的，就去投资物流运销环节，技术含量也不高，进入门槛低。

如果做经销商，就看资金实力了。资金的实力决定了分销的市场半径。入行早，机会就有，也没有什么技术含金量。

与卖可乐等消费品相比，水泥市场竞争对营销的要求低得多。因为不需要多少产品知识，买家都是内行，关键是售价。企业的销售本领再高，价格没有竞争力，都是空话。

可是到了产业成熟期就不一样了，那些投了上游矿山熟料的，进来了出不去了。矿与窑投了那么多钱就摆在这里，技术设备如果都是按照国家标准要求配置,都差不多,凭什么要我关门你不关?!

大家这时候发现,如果要继续在价格上有优势,就不能只做产业链上的某一段。

如果原来只做熟料的,现在可以往上游走到买矿山,往下游走,买粉磨站,做大客户直销,分销网络控制终端。企业要参与竞争,必须完成整个产业链的整体布局,在每一个环节上都赚点利润,才能获得整体优势。

所以我们在调研中,一些有战略眼光的企业,比如嘉兴芽芽水泥公司的戴爱荣先生,就开始在嘉兴地区建起了产业链。

上收石灰石矿山,做熟料,做粉磨站,有自己的运销商,还有直接抓用户的销售队伍。所以当大家血雨腥风时,他靠嘉兴这么好的市场的"地利"和他的综合成本优势,依然每年有几千万的利润。但大部分企业此时却是苦不堪言。

请读者再仔细品味图 13-7 提示的价值链,你会更深刻地体会到:在水泥行业成熟期参与市场的竞争,很难像手机行业的芯片、女装行业的设计,靠某一个战略环节的核心能力超常赢得价格竞争。在普通标号水泥这个行业,每一个环节都不是竞争的核心资源。如此就不存在其他行业所必需的核心资源或核心技术,所以,这阶段水泥行业的核心竞争力来自对各种非核心资源的综合运用,其实质就是通过对整体产业链上的综合运用获得竞争优势。

如何获得?

显然这种综合布局和管控不需要重新从建立产能开始,大量的产能过剩需要的是按照战略整体规划去整合。而这种整合的切入口,按照竞争要素的推演,最后就凝结在资金、技术、人才和企业文化的四个方面。

中国建材必须回答一个问题。

要完成整个大战略,需要的四个竞争要素(见图 13-8),企业能够提供吗?因为要兼并收购重组就需要大资金,要让大家愿意被兼并重组,在没有马上给出现金的情况下被信任,同时觉得只有这样做有前途,没有大品牌的公司形象是不可能的。所以在中国建材宋志平主席、曹江林总裁、南方水泥肖家祥总裁的领导下,2007 年这场中国水泥史上的以竞合为战略核心参与市场竞争的创业神话就开始书写了。

这场战略商机把握的核心就是如何整合。所以在确定通过供给端进行整合后，数百家企业的老板好多变成了南方水泥的区域经理，市场如何划分、管理如何进行、品牌要不要统一，保留和统一各有怎样的利弊，这就是在整合中必须深入研究和思考的。在这个项目中，我们也提出了很多很有建设性的思想，如浙江西部市场按照环太湖流域进行市场分配，而不是按照企业所在地分配；品牌统一与渠道经销商的分销布局、与资金的关系，如何影响公司的利润的研究……这些思想得到了南方水泥与北方水泥董事长肖家祥，以及中国建材曹江林总裁、南方团队的充分肯定，让我们倍感欣慰。

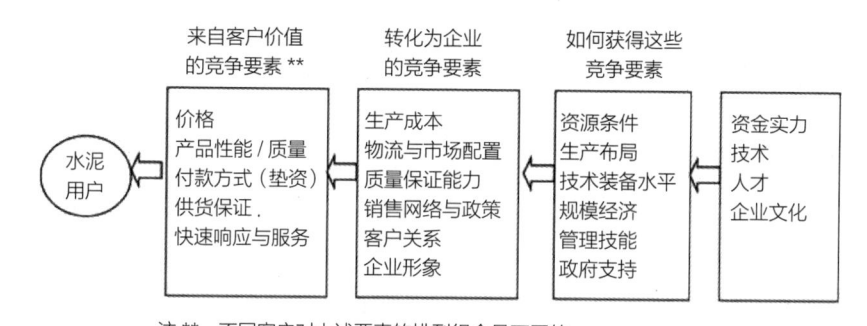

```
                来自客户价值          转化为企业          如何获得这些
                的竞争要素**          的竞争要素          竞争要素

                价格                生产成本            资源条件          资金实力
     水泥       产品性能/质量       物流与市场配置      生产布局          技术
     用户   ←   付款方式（垫资）  ← 质量保证能力    ←  技术装备水平   ←  人才
                供货保证            销售网络与政策      规模经济          企业文化
                快速响应与服务      客户关系            管理技能
                                    企业形象            政府支持
```

注**：不同客户对上述要素的排列组合是不同的

图 13-8　水泥制造企业四个竞争要素

就像肖家祥总裁在合作过程中经常给我们团队的鼓励："这是中国水泥史上的里程碑大事，我们一起来描画是十分光荣的。"

确实，今天想来，仍然是一件很荣幸的事情。这应该也是中国管理咨询史上值得纪念的一笔。

南方水泥这个案例中，我们获得怎样的思考呢？

工业品行业的竞争规律与消费品行业还是有差异的。这不是说工业品不需要品牌，而是其品牌的价值作用点不一样。比如如果没有中国建材这个品牌作为背书，没有国资委的背书，中国建材南方水泥要在两三年内收购数百家企业，从没有一两水泥，变成千亿级水泥大企，这是不可能的。而南方水泥这个兼并大工程，发生的时机正是在行业成熟期，所以时机的选择也非常重要的。

中国建材的成功，可以理解为工业品行业的竞争战法有不同于消费品行业的特点，它可以从供给端入手，而消费品更应该考虑市场端。但这个案例同样证明了成熟期公司品牌在参与竞争中的重要作用。